上海市素质教育优质课程项目

胡伟华　编著
单文霞

中华诗音舞

上海音乐出版社　上海文艺音像电子出版社

上海市素质教育优质课程
项目顾问
（按姓氏笔画排序）

冯双白　中国舞蹈家协会主席

郑慧慧　上海师范大学教授

高娟敏　上海师范大学舞蹈系主任

黄惠民　上海音乐出版社舞蹈编辑中心总策划、编审

蒋平芳　上海市教育委员会体卫艺科处项目负责人

《中华诗音舞》
编　委

欧阳晨

周倚如

真情无改是诗心

——为《中华诗音舞》序

翻阅由著名少儿舞蹈编导胡伟华编著的《中华诗音舞》，我不由得心生喜悦。因为，这样一套课程的问世，恰逢其时。

这套教程有自己明确的定位：以中华古诗词为脉络，融合中国古典舞、民族民间舞和音乐元素，兼容现代编舞技法，是一套适合中小学在校生的舞蹈课程。该教程秉承海派文化兼收并蓄和敢于创新的精神，力求追寻这样的教学课堂：蕴含中华古典诗歌和音乐的精神气质，富于舞蹈乐趣，具备丰满的文化内涵，符合不同年龄阶段孩子的心理和生理特征，具有鲜明的可操作性。我以为，探索中小学舞蹈教材真是一个教育界、舞蹈界乃至整个社会都共同关心的大课题。

我国完整的舞蹈教育起步于20世纪50年代，曾经受到俄罗斯专业芭蕾教育、都市少年宫体制、青少年舞蹈爱好者培养机制的深刻影响。进入21世纪之后，中国当代舞蹈教育在专业艺术院校和社会培训机构两个方向上取得了长足进步，事业发展蒸蒸日上。另一方面，迅猛发展的新时代社会生活也对舞蹈教育发展提出了全新的挑战。一个深刻的时代命题是：在中华民族伟大复兴宏伟目标的大前提下，在坚定文化自信成为国家发展战略的当代，怎样打破原有的舞蹈教育模式、突破既定的培养目标，在完成专业舞蹈演员的教育目标基础上，积极扩大舞蹈教育视野，将舞蹈等多种艺术为载体的美育纳入国家教育总体目标？国务院办公厅2015年印发的《关于全面加强和改进学校美育工作的意见》强调：全面加强和改进学校美育工作，要求各级各类学校开齐开足美育课程，初步形成大中小幼美育相互衔接、课堂教学和课外活动相互结合、普及教育与专业教育相互促进、学校美育和社会家庭美育相互联系的具有中国特色的现代化美育体系。这一全新的、富于中国特色的宏伟教育体系，给舞蹈美育提供了前所未有的发展空间。人们越来越深刻地认识到，舞蹈是人生成长中必不可少的一种美育手段。曾几何时，人们似乎已经习惯了俄罗斯芭蕾美学的身体语言风格，但在国风大潮风靡中华大地之时，转头望去，人们发现，中华优秀传统文化可以成为舞蹈种子，在中国孩子心里生根发芽、茁壮成长。

这是舞蹈教育的革命性转变。问题是：如何进入可操作的工作进程呢？《中华诗音舞》应运而生，并且颇有特点。例如，该课程特别强调将古诗词的文化精髓渗透于现代艺术教育之中，把优秀传统文化之经典诗词和音乐之美融入原创性舞蹈课程，从而激发学生对中国美学的学习兴趣，潜移默化地增强文化自信，增强学生的民族文化认同感、归属感和自信心。又如，该课程注意研发"小型歌舞剧"的学习内容，如此一来，可以在一般化的抒情性舞蹈学习过程中注入更丰富的思想内涵，让身体运动更有精神皈依。在这一点上，该课程试图超越传统舞蹈教学中以单纯风格化、情绪化的动作学习模式，这很有挑战性，也很可贵。再如，该课程强调即兴表演的学习训练，甚至让不同年龄阶段的学生们参与舞蹈创编，从而将全面提升学生艺术素质、培养想象力和追求创造性思维的教学目标融入课程的整体设计。

这套教程本身就体现着素质教育的思路，它的一个重要创意是：针对中小学生开展身体语言的学习和体验，推动人类文明的感性维度发展。人们期待舞蹈美育取得突破性进展，美育资源配置逐步优化，以美育为核心的教育管理机制进一步完善。这项工作面临很多困难和挑战，美育教材和师资培养，就是重中之重。

虽然课程设计刚刚起步，其初心却令人感动。这让我想起了著名中国古典文学研究大师叶嘉莹先生的一句名言：诗歌的最大作用，是要让你有一颗不死的、不僵化的心。《中华诗音舞》，不就是要让我们的孩子们拥有一颗健康、向真向善、向美的心吗？

中国舞蹈家协会主席

前　言

"一年之计，莫如树谷；十年之计，莫如树木；终身之计，莫如树人。"一个民族要发展、要前进，教育是极为重要的一环。

近年来，随着教育改革不断深入，育人方式正在转型。在专业院校的舞蹈教育之外，如何给中小学在校生创建一套能够蕴含精髓、有乐趣、具意义和可实践的小型舞蹈教材，始终是教育界、舞蹈界共同关心的一个课题。恰逢祖国蹄疾步稳地向第二个百年奋斗目标奋进之时，我们由衷地希望能给中华少年儿童带来一个学习、传承、发扬中国传统文化的载体，使之成为他们学习传统文化的伙伴。在这样的时代背景下，《中华诗音舞》应运而生。

《中华诗音舞》以中华古诗词为脉络，以中国古典舞、民族民间舞为根基，糅进海派文化兼收并蓄和创新发展的精神，通过现代编舞技法，编纂创立了适应中小学生舞蹈基础、在校时间、生理年龄、心理状态和场地条件的培训体系和教学内容。结构上，课程由小学篇和中学篇两部分构成，每个部分各有6类课程，共计12类课程。

第一部分小学课程由6类课程构成，即课间律动（坐姿舞）、操场舞动（晨操健身舞）、校园舞蹈（校园集体对舞）、歌舞表演（小型歌舞剧）、社团舞蹈（综合性表演）、创编舞蹈（创编课程）。课程以标准课件为基础，教学重点在于对学生进行基本舞蹈理念和诗词文化的熏陶，注重童心童趣，以童趣舞为主，还设计了江南素材民间舞、踢踏舞及小型歌舞剧。三至六年级课程开设舞蹈语汇及组合的创编内容。

在小学课程基础上，中学课程增设了多舞种课程学习内容，如武术舞蹈、古典舞和民族民间舞课程，并强调古诗词舞蹈与小型歌舞剧的创编。主旨则是让学生在掌握和了解舞蹈基础知识的前提下提高审美能力，同时，帮助学生增加舞台演出经验和提升作品创编能力。中小学课程相互配合，希望既能普及传统艺术和舞蹈的基础技法，又能让一部分学生提升艺术赏析能力，进而为他们将来的职业选择打下基础。

本教程的编撰，主要由上海伟华教育培训中心（曾用名"上海百芳伟华文化艺术发展中心""上海伟华艺术教育培训中心"，以下简称"伟华教育"）和胡伟华教授完成。2022年至今，伟华教育原创《中华诗音舞》课程已深入上海徐汇区、嘉定区、静安区等多所学校进行教学实践，均受到师生欢迎。

编写团队在实践中不断总结经验，进一步深化《中华诗音舞》教学课程的内涵，希望《中华诗音舞》植根中小学生心中，立德树人，培根铸魂！

囿于自身能力的不足，我们在编写本书的过程中战战兢兢、如履薄冰，在本书的内容上可能有错误、遗漏或者偏差。真诚地希望阅读本书的读者给予耐心指正，谢谢！

编写团队
2024年2月于上海

编写说明

1. 方向与区域图

方位是按照教室环境，以讲台或镜子为1点。学生身体朝向镜子或讲台。教材中所提到的方向均用阿拉伯数字表示。如，学生面向正前方，即"面向1点"。

8点	1点	2点
左前	正前区	右前
正左 (7点)	正中区	正右 (3点)
左后	正后区	右后
6点	5点	4点

2. 单人动作首次出现方向说明，之后方向若无变化，以首次出现的方向为准。无方向说明的，均以1点为准。

3. 双人动作以两人面对面动作为主，请参见二维码视频中舞者站位方向。

4. 在"教学步骤"的"组合动作与顺序节奏"中，如果有涉及具体人数的组合均为参考性示范组合，可根据实际情况增减人数和调整调度位置。

5.在"组合动作与顺序节奏"中,前奏、第一段、第二段以乐句和动作段落为依据划分。

6.在具体的"组合动作与顺序节奏"描述中,"①"通常代表一个8拍的节奏(个别小节存在10或12拍)。重复"① 第1-8拍动作",表示为重复进行第①小节中的第1-8拍动作。"反面动作相同",表示为重复对应动作的镜像动作。

7.本教程动作描述性文字仅供参考,可扫描封底二维码,观看完整示范视频。

目 录

真情无改是诗心——为《中华诗音舞》序　　冯双白　01
前　言　　05
编写说明　　07

第一章　《中华诗音舞》舞动校园
一、《中华诗音舞》概述 ···001
　　（一）《中华诗音舞》指导思想 ································001
　　（二）《中华诗音舞》实施步骤 ································002
二、《中华诗音舞》教学大纲 ···004
三、《中华诗音舞》创作构想 ···005
　　（一）《中华诗音舞》创作动机 ································005
　　（二）《中华诗音舞》创作基础理论 ·························011
　　（三）《中华诗音舞》创作实践 ································014

第二章　《中华诗音舞》课程·小学
一、小学课程简介 ··021
　　（一）表现能力 ···021
　　（二）欣赏能力 ···021
　　（三）融合、创造能力 ···022
二、课程设置 ··023
　　（一）课间律动（坐姿舞）·····································023

（二）操场舞动（晨操健身舞）··024

　　（三）校园舞蹈（校园集体对舞）···025

　　（四）歌舞表演（小型歌舞剧）··025

　　（五）社团舞蹈（综合性表演）··026

　　（六）创编舞蹈（创编课程）···027

三、课程目标···027

四、教学课时安排··028

五、教学步骤··029

　　（一）课间律动（坐姿舞）···029

　　　• 咏　鹅··029

　　　• 明日歌··034

　　　• 悯　农··039

　　（二）操场舞动（晨操健身舞）··045

　　　• 春　晓··045

　　　• 登鹳雀楼··051

　　　• 江　南··057

　　（三）校园舞蹈（校园集体对舞）···063

　　　• 晓　窗··063

　　　• 村　居··068

第三章　《中华诗音舞》课程·中学

一、中学课程简介··075

　　（一）表现能力···075

　　（二）欣赏能力···076

　　（三）融合、创造能力··076

二、课程设置··077

　　（一）课间律动（坐姿舞）···077

（二）操场舞动（晨操健身舞）……078
  （三）校园舞蹈（校园集体对舞）……079
  （四）歌舞表演（小型歌舞剧）……080
  （五）社团舞蹈（综合性表演）……080
  （六）创编舞蹈（创编课程）……082
三、课程目标……082
四、教学课时安排……082
五、教学步骤……083
  （一）课间律动（坐姿舞）……083
  • 明日歌……083
  • 饮湖上初晴后雨……089
  • 相 思……095
  （二）操场舞动（晨操健身舞）……100
  • 出 塞……100
  • 登鹳雀楼……107
  • 一字诗……113
  （三）校园舞蹈（校园集体对舞）……120
  • 寻胡隐君……120
  • 长歌行……127

第四章 原创作品范例

一、"小型歌舞剧"与"社团舞蹈"……137

二、创编舞蹈……138

三、"小型歌舞剧"范例……139
  • 元 日……139
  • 清 明……142
  • 游子吟……144

- 渭城曲 …………………………… 146

四、"社团舞蹈"范例 ……………………… 149
- 梅　花 …………………………… 149
- 静夜思 …………………………… 151
- 明日歌(节选) …………………… 153
- 赋得古原草送别 ………………… 155
- 木兰诗(节选) …………………… 157
- 出　塞 …………………………… 160

后　记　　　　　　　　　　　163
《中华诗音舞》小学组视频目录　165
《中华诗音舞》中学组视频目录　166

第一章 《中华诗音舞》舞动校园

一、《中华诗音舞》概述

（一）《中华诗音舞》指导思想

习近平总书记在2017年中国共产党第十九次全国代表大会上的报告中明确指出："文化是一个国家、一个民族的灵魂。文化兴国运兴，文化强民族强。"总书记谈到，一个国家、一个民族的强盛，总是以文化兴盛为支撑的，中华民族伟大复兴需要以中华文化发展繁荣为条件。文化是一个国家的灵魂，作为精神力量的重要载体，特别是在当今时代迅速发展的前提下，也越来越成为民族凝聚力和创造力的重要源泉，是一个国家综合竞争力的重要因素，人们热切期望丰富文化精神。

少年儿童是祖国的未来，是中华民族的希望。在"讲好中国故事"、传承中华文明等一系列重要工程中，需要不断加强中华优秀传统文化教育，厚植文化自信。2014年，教育部研究制定了《完善中华优秀传统文化教育指导纲要》，把加强对青少年学生中华优秀传统文化教育作为一项战略任务。2017年，中共中央办公厅、国务院办公厅印发的《关于实施中华优秀传统文化传承发展工程的意见》指出，要深入挖掘和阐发中华优秀传统文化的时代价值，使中华优秀传统文化成为涵养社会主义核心价值观的重要源泉。2022年，教育部印发了《义务教育艺术课程标准（2022年版）》，以立德树人为根本任务，培育和践行社会主义核心价值观，弘扬真善美，塑造美好心灵。

教育是串起中华优秀传统文化珍珠的链条，优秀传统文化要贯穿国民教育始终。为了深入贯彻落实习近平总书记系列重要讲话精神，积极响应国家政策的号召，我们深入校园，挖掘实际教学需要，积极探索艺术教育课程，《中华诗音舞》应运而生，成为艺术教育的实践案例，舞动校园的举措之一。创编教研、培育学生、默默奉献，是教师的责任使然。培育一代新人，需要勇敢担当，《中华诗音舞》就是我们万里长征的第一步。路漫漫其修远兮，吾将上下而求索。我们坚信通过不断学习、探索完善，《中华诗音舞》必定托起明天的太阳。

（二）《中华诗音舞》实施步骤

植文化根，铸华夏魂，党和国家领导人十分关心教材的编选、课程的改革和中华优秀传统文化的弘扬。习近平总书记曾多次提到古代经典的诗词和散文，在2014年9月参观北京师范大学时指出，"应该把这些经典嵌在学生脑子里，成为中华民族文化的基因"，并随后在接受记者采访时再谈语文不能去"中国化"："古诗文经典已融入中华民族的血脉，成了我们的基因。我们现在一说话就蹦出来的那些东西，都是小时候记下的。语文课应该学古诗文经典，把中华民族优秀传统文化不断传承下去。"

近年来，随着国学热、诗词热，学习古文蔚然成风。《中国诗词大会》《中国成语大会》等央视节目的播出，更激发了人们对学习古诗词和中华传统文化的热情。在这样的背景下，我们扎根校园，致力于让校园成为学习、交流和体验中华优秀传统文化的乐园，反复修改课程，努力实现教程易学易懂，让师生喜闻乐见、乐于尝试。我们计划通过更为深入的教学实践，不断提升教学质量，在践行中国传统文化传承工作的同时，闯出一条新时代美育教学的新路子。

《中华诗音舞》正是通过舞蹈艺术的形式，让学生在学习中深入了解中国博大精深的古诗词文化底蕴。通过与古诗词相结合的课程设计，培养学生浓厚的舞蹈兴趣，在有限的课程中学生可以学习舞蹈语汇，领略各种风格的舞蹈作品，尝试塑造人物形象、创编组合，提升表现和创编能力，提高欣赏、融合、创造的综合艺术能力。在《中华诗音舞》的设计、实施过程中，主要有以下几个步骤。

1. 建立课程思路

一张一弛，文舞之道。《中华诗音舞》课程开发的目的，是鼓励和助力莘莘学子"畅游于书海、徒步于艺林"的精神追求。编写团队以中国传统文化作为引子，利用课间十分钟、晨操时刻、课外活动的时间，将精选的古诗词，用朗诵及音乐结合舞蹈的形式呈现，为学生提供放松大脑、缓解压力的空间，并让他们接受艺术教育的熏陶，把中国传统文化以知行结合的方式传承下去。

将古诗词以唱诵的方式导入，再以舞蹈展示的形式输出，形成了文化课和艺术课程结合的良性循环，从单一的脑力劳动进化成听觉、触觉到肢体的联动。以此建立的课程，在深刻巩固中国文化传统知识的同时，课堂形式变得更加丰富、有趣、生动，这对于渲染校园文化氛围，提高学校艺术品位与美育水平，提升学生审美能力和人文素养具有深远意义。

2. 深化教育功能

课程把传统古诗词以现代审美理念进行原创编排，以古喻今，将古诗词的文化精髓渗透于现代艺术教育之中，对校园精神文明建设和学生健康成长起到积极作用。通过实施教学，《中华诗音舞》的教育功能不断深化，它注重培养学生感性思维，增加感性智慧，美化生活。在有限的早操、课间、课余的时间中，除了让学生享受到无限的乐趣外，还通过学习优秀传统文化古诗词原创舞蹈，让学生沉浸到爱国主义教育课程中，在认识、渗透、热爱中厚植爱国情怀；通过学习歌舞表演（小型歌舞剧），活跃丰富校园文化生活，增强学生的民族文化认同感、归属感和自信心；通过学习即兴表演和创编课程，提升学生艺术素质和文化涵养，让学生的智商和情商得到有益发展。

3. 开发创编课程

在课程研发过程中，编写团队着重从以下3点进行创编课程的开发：

（1）组建专业教研团队。由专家领衔，专业院校毕业的高才生及具有多年教学经验的一线专业舞蹈教师组成。

（2）诗词选材上，在浩瀚的古诗词文集中，编写团队选择内容丰富、有教育意义的古诗22首；挑选适合学生特点、具备舞蹈表演性的音乐，包括由谷建芬和易凤林作曲并已发表的古诗词音乐作品，这些音乐旋律流畅、节奏欢快。同时，聘请专家作曲，为古诗舞蹈作品量身打造音乐。

（3）在舞蹈创编上，按照课间律动、操场舞动、校园舞蹈、社团舞蹈、创编舞蹈及歌舞表演等类型进行划分，创编古诗词舞蹈作品30个。

4. 进行教学实践

编写团队在学习探究古诗词艺术教育的同时，在上海市徐汇中学、嘉定区戬浜学校等多所学校进行了初步的教学实践探索。实践过程中，通过课堂检验不断进行新的尝试、新的挑战，让学生多层面、多角度地深入学习古诗词，在古诗词舞蹈的艺海中畅游。《中华诗音舞》以新的艺术载体、新的艺术形式、新的表演方法和现代创编知识，以词带乐、以乐带形、以形带律、以律带韵、神韵结合，培根铸魂、深入人心，使青少年学子"腹有诗书气自华"，在诗词和舞蹈中收获成功和喜悦。

二、《中华诗音舞》教学大纲

按照教育部发布的《义务教育艺术课程标准（2022年版）》，编写团队从古诗词入手，选择、创作古诗词音乐，以中国舞（即古典舞、民族民间舞）、中国古诗词为脉络，巧妙融合中国舞专业知识，糅进海派文化元素，结合中国传统文化，用现代交响编舞技法创立、编纂了一套具有时代特色、寓教于乐、符合校园文化与中小学学生特点的古诗词舞蹈课程。在设计实践中，我们根据不同年龄的教学需要反复思考、精心设置，涉及课间律动、操场舞动、校园舞蹈、社团舞蹈、创编舞蹈、歌舞表演六大类课程。

课程在诗韵舞风中尊重童心，塑造美丽童心，注重开发童趣，引导学生乐于尝试，课程易学易懂，具有较好的可行性、开放性、包容性、大众性、普及性。通过教学实践，《中华诗音舞》将与弘扬主旋律相结合，使舞蹈美与心灵美相结合，让多层面教育对象与多角度教育内容相结合，并达成如下目标：

（1）舞蹈艺术的美育教育和思想道德的教育。
（2）舞蹈艺术的律动教育与身体素质的教育。
（3）舞蹈艺术的情趣教育与思维方式的教育。
（4）舞蹈艺术的启蒙教育与创新能力的培育。

三、《中华诗音舞》创作构想

中国古诗词是祖先留下的宝贵文化遗产，是中华民族千百年来的文化积淀，凝聚了古代劳动人民的智慧结晶，寄托了中华民族的精神追求和文化修养，是一份取之不尽、用之不竭的精神财富。正如习近平总书记指出：古往今来，中华民族之所以在世界有地位、有影响，不是靠穷兵黩武，不是靠对外扩张，而是靠中国文化的强大感召力和吸引力。阐释中华民族禀赋、中华民族特点、中华民族精神，以德服人、以文化人是当今社会"讲好中国故事"、传承中华文明的重要方面。

（一）《中华诗音舞》创作动机

我（本书作者胡伟华）从小热爱文学，对古诗词情有独钟，十多年前，我便有了创作古诗词舞蹈的念头。早在2002年，于本人的全国"艺教名师"颁奖大会上，中国舞蹈家协会冯双白主席便向我建议：以古诗词为载体，为中小学生编创孩子们喜欢的课程。2003年，上海市教委领导向我提出，希望我能做出"让民族文化进校园"的课程。后来由于工作原因，这个设想一直搁浅。直到2021年10月，我再一次萌发以古诗词为载体创编舞蹈的想法。当我和团队下定决心落实项目时，发现困难重重——校本课程的建立是一项十分专业的工作，既艰辛又烦琐，谈何容易。这份重担因为没有课程样板、没有经费，不知从何入手，进退两难。这时，我校（上海伟华教育培训中心）新任法人单文霞教师给予大家信心和力量，在她领导下，成功组建了《中华诗音舞》的研发团队。

《义务教育艺术课程标准（2022年版）》前言中讲道，"习近平总书记多次强调，课程教材要发挥培根铸魂、启智增慧的作用，必须坚持马克思主义的指导地位，体现马克思主义中国化最新成果，体现中国和中华民族风格，体现党和国家对教育的基本要求，体现国家和民族基本价值观，体现人类文化知识积累和创新成果"。根据习近平总书记重要讲话精神，按照教育部《义务教育艺术课程标准（2022年版）》舞蹈课标的要求，我们决定尝试从头学起，认真选材，仔细梳理，精心创作，默默付出，无私奉献。

我们借助中华优秀传统文化，以古诗词为载体，从中国舞入手，糅进海派文化，创作一套适用于中小学生的教材。首先，团队分析了古诗词文化融入舞蹈的重要性，了解目前学校舞蹈课程的现状以及存在的问题。我们设想，古诗词舞蹈必将为校园带来古诗新韵、舞动校园的新风貌，丰富校园艺术活动，推动校园文化发展，对学校舞蹈教学发展产生深远影响，对学校教育进步起着重要作用。于是，团队查阅了大量古诗词文献，选听多种不同的古诗词音乐，最后确定以22首古诗词作为课程的创作素材，同时又选择8首古诗词音乐作为小型歌舞剧和社团舞蹈的创作素材，使用谷建芬和易凤林作曲并已发表的古诗词音乐。同时，邀请音乐作曲家为部分古诗词量身打造原创音乐。最终，成功创编30首古诗词舞蹈（含舞蹈组合、舞蹈作品、小型歌舞剧等），建立完善的小学与中学课程体系，并形成本书。我们坚信，在古诗词与舞蹈、音乐的互动下，这套课程将会在弘扬主旋律的理念下，成为立德树人、全面发展的重要教育参考，推动校园文化发展，绽放更加璀璨的艺术光芒。

1.提高学生思想品德，强调立德树人

古诗词不仅是千百年来劳动人民的思想结晶，也体现着诗人对社会事务、人情哲理的深刻认识和分析。古诗词舞蹈课程将传统文化的精髓融贯其中，让学生更明事理、懂孝道、重情义、讲礼貌，懂得国是家、善作魂、勤为本、俭养德、诚立身、孝当先、和为贵。

课程通过聚焦学生核心素养，弘扬民族传统文化，在潜移默化中让学生汲取古诗词有益的精髓，培养他们适应未来发展的正确价值观、必备品格和关键能力；提高学生思想品德，达到立德树人的育人宗旨；让学生为实现中国梦更加发奋地学习，成长为德智体美劳全面发展的社会主义建设者和接班人。

古诗词中蕴含着崇高的思想品德、美好的人际关系和情感，正是其历久弥新的教育意义，成为《中华诗音舞》的选材基石。比如，时间一去不复返，错过光阴莫后悔，告诫人们珍惜时间的《明日歌》；反映边关战士保家卫国的英雄气概，用充满家国情怀的诗句引导学生对古代文化思想的尊重、对英雄的崇拜，以及唤起学生强烈的爱国主义，学会珍惜当今生活的《出塞》；鼓励学生坚定登高望远、更上一层楼，满怀雄心壮志的《登鹳雀楼》；离别筵席上的送行之歌，以朴实的语言、巧妙的表达，道出依依惜别之情，告诫人们珍惜友情和真情的《渭城曲》（又名《阳关三叠》《送元二使安西》）；对伟大母爱的歌颂，体现中国传统文化孝道的《游子吟》。

2.提升学生对"美"的追求

中国古诗词是现实生活的"艺术品"，语言通俗易懂，景象清新生动，意境优美，兴味隐约，尤其是在表达人物情感、营造艺术氛围、创造意境等方面，有助于引导学生品味生活中的"美"，使其永存心间。如《春晓》

《清明》《元日》等篇章，诗人将读者引入诗的境界，为读者展开远比诗篇更广阔的想象余地，这是艺术的"有余不尽"。而舞蹈教育则是提升艺术审美与情感认知的有效途径。通过舞蹈学习，学生可以感知、发现、体验和欣赏艺术美、自然美、生活美、社会美，继而追求美、提高艺术品位，提升审美感知能力。当古诗词与舞蹈结合时，将产生得天独厚的优势，更容易烘托出古诗词美的意境。因此，编写团队借助诗人营造的美的情境，创编古诗词舞蹈，以此提升学生对"美"的追求。

古诗词与舞蹈二者都是"美"的教育，对于陶冶学生情操、提高美的意识，起着至关重要的作用。古诗词舞蹈巧妙地运用了古诗词美的意境，使学生在优美动听音乐的渲染下，把古诗中的色彩美、画面美、意境美，与学习的舞蹈动作所体现的美感融为一体，产生特殊的审美知觉。学生可以在"美"的熏陶下感受"舞中有画""舞中有诗""舞中有情""舞中有理"，舞蹈教学折射出"美"的光环，给人以深刻启迪，又体现出"舞中抒情""情中见礼"的特点。

3. 培养学生的想象力

爱因斯坦说过，"想象力比知识更重要。因为知识是有限的，而想象力是概括着世界的一切，推动着进步，并且是知识进化的源泉"，"没有早期的音乐教育，干什么我都会一无所成"。由此可见，想象力与早期的音乐教育对少儿成长贡献极大，在生发巨大的乐趣和满足感的同时，会直接影响他们未来的发展。

中国是诗词的国度，古诗词文化体现中华文明的审美观念与理想。古诗词具有抒情、情感丰富的特点，容易让人产生联想。在美好的诗句中加入创设的舞蹈意境和优美的舞姿，把学生带入特定的艺术情境，往往给人以无限遐想，让人身临其境，产生丰富的想象空间。

创设舞蹈意境需要与古诗词文化融为一体，需要了解古诗词背后的文化底蕴，包括产生的时代背景和文化特征。这不仅可以丰富舞蹈艺术表现力，提高舞蹈意境表达，也可以让学生沉浸在艺术的特殊环境中，培养自身的想象力，潜移默化地提升身体舞姿的美感。例如，诗人通过对西湖形象的生动描绘，给人带来梦幻般想象的《饮湖上初晴后雨》；使人身不由己地融入诗人营造的意境，在皎洁的月光下尤感每逢佳节倍思亲的《静夜思》。

4. 开发学生的创造性思维

作为实施素质教育的重要途径——创造教育、创新教育渗透在舞蹈教育中，对少年儿童的身心发展起到和谐的、潜移默化的调整和促进作用。我国儿童创造力科学研究学者、现代著名教育家陶行知先生在 1943 年发表的《创作宣言》中宣称："处处是创造之地，处处是创造之时，人人是创造之人。"美国著名艺术教育家罗恩菲德在谈到艺术教育意义时说："艺术对我们的教育系统和社会的重要贡献，在于强调个人的自我创造潜能，尤其是能和谐地调整成长过程中的一切"，"假如孩子长大了，而由他的美感、经验获得较高的创造力，并将之应用于生活和职业，那么艺术教育的各项目标就已达成"。

创编是发挥想象、释放艺术潜能的艺术活动，是培养舞蹈思维、发掘和提升学生舞蹈创造能力的重要途径，对培养创新人才具有重要意义。古诗词舞蹈创编课程提倡让学生从兴趣出发进行创编，激发学生创作欲望、创作热情。它充分给予人们发挥想象的空间，开发创造性思维，是大脑进行的艺术再创作，可以与古人开展跨越时空的对话。

创编课程引导学生对所描绘的形象进行立体式的认识，通过想象把大脑中美好的记忆进行再创造。教师要保护学生的创作初心，鼓励引导他们感受创作的乐趣，增强创作的信心，用一个画面、一个动作、一个组合、一个片段，不断加深对古诗词的理解，培养他们思考的习惯和对舞蹈创编的兴趣。首先，教师可以主动引导学生将古诗词或微妙、或复杂、或曲折含蓄的内心情感与音乐结合，让诗词和舞蹈融为一体，为创编作品注入灵魂。其次，教师可以引入诗，也可以导入音乐，抑或将诗词吟诵带入课堂以创设艺术环境，从而引出学生一系列的肢体动作，学生可以在此环境中自由发挥、即兴表演。再次，教师可通过多媒体播放古诗词相关图片及视频，帮助学生领会古诗词意境，鼓励学生大胆想象，加深他们对舞蹈及情感的理解。

例如，借助《赋得古原草送别》的内容，引导学生创编反映生命力顽强的"草"的各种律动和各种体态的舞蹈语汇（"离离原上草，一岁一枯荣。野火烧不尽，春风吹又生"——唐·白居易）。引导捕捉《梅花》的形象，通过望梅、闻梅、赏梅、赞梅、颂梅，让学生了解舞蹈作品结构的立意和层次，以及不畏严寒、傲雪凌霜的"梅花"静态与动态的区别；或启发学生借用双手五指与形态构架"梅花"独特的舞蹈形象（"墙角数枝梅，凌寒独自开。遥知不是雪，为有暗香来"——宋·王安石）。再如，篇幅很长的《木兰诗》（"唧唧复唧唧，木兰当户织。不闻机杼声，唯闻女叹息……"——南北朝·佚名），教师可以指导学生选取诗中片段进行创编，以表现花木兰替父从军、百折不挠的英雄气概，以及她过人的勇气与智慧，引导学生有机地融合创新古典舞与现代舞舞蹈语汇，用作品借古喻今，以其形象激励后人。

5. 推动校园文化发展

课程形式的变换，会让学生对学习古诗词舞蹈产生更加浓厚的兴趣。古诗词舞蹈课程配以动听的音乐、朗朗上口的古诗词和舞蹈的律动，可以让学生直观享受各类古诗词舞蹈带来的乐趣，激发他们对舞蹈的热情。它既能培养学生身体的协调性、灵活性，又能提升他们的舞蹈技能、产生良好的审美情趣，帮助学生全面发展。例如，"课间律动"通过学习童谣和童趣舞，使课间十分钟变得开心有趣；"操场舞动"让学生走出教室呼吸新鲜空气，强身健体，拥抱大自然；二人一组的"校园舞蹈"让学生互相磨合，建立友谊；"社团舞蹈"让学生学习舞蹈作品，更好地展示、展演；

"创编舞蹈"让学生放飞梦想，寻找创编的快乐；"歌舞表演"让学生认识古代人物，了解历史背景，扮演各种人物形象，在舞蹈课程中全面提升其核心素养。

此外，古诗词舞蹈课程可以促进学校实现舞蹈教学目标，丰富校园艺术课程，推动校园文化发展。研究和探讨古诗词舞蹈教学策略，有助于学生学习舞蹈动作、强身健体，同时，有益于传承古诗词文化，培养学生良好的艺术品质，提升核心素养，这对推动学校舞蹈教育发展具有一定的时代意义。

（二）《中华诗音舞》创作基础理论

1. 用独特的舞蹈眼光选择素材

选择古诗词创编素材时，要有独特的舞蹈眼光作为评判。在浩瀚的古诗词文海中选择可舞的古诗词是个重要的问题，除了要有教育意义，还要适合不同年龄段的中小学生。舞蹈是展示人们情感世界最直接的方式，选材必须考虑到舞蹈作品的独特性。首先，素材要独特。每次创作前，我们首先要考虑别人是否做过这个题材？我们应如何做？如果创编的是同一题材也没有太大的关系，因为重要的不在于是做什么，而是在于我们怎么做。其次，选材角度要有独特性。即作品的切入点要准，要与众不同。三是作品风格要有独特性。四是表现样式具有独特性。我们要站在巨人的肩膀上纵览全局、慎重考虑，做到既不雷同自己，更不模仿别人创作。在选材时，我们更加重视选材的基本要素，尤其是舞蹈的立意、作品的价值，以及可舞性、童心童趣等等。

2. 用新颖的形象思维结构舞蹈

诗词与舞蹈都是艺术，可表现形式却截然不同。前者表现的是文学艺术，后者展现的却是形体艺术。正如数学家与编导思维角度的不同，数学家采用的是逻辑思维，编导应用的则是形象思维，这是由舞蹈的特殊性所决定的。

编导需要充分发挥舞蹈本体，运用舞蹈形象思维来结构、布局作品，用新颖的形象思维来考虑整个作品的起承转合，这是舞蹈艺术形式的特性。在构思中编导应展开大胆丰富的想象，着力寻找闪光点，饶有趣味的想象可以使作品的品位更高、更富生命力，让人过目不忘、回味无穷。一般采用"引子（开头）、发展、高潮、结尾（尾声）"构思舞蹈，要注意人们常说的"A凤头（开头要漂亮）、B猪肚（中间饱实）、C豹尾（收尾有力）"。不管构思结构为ABC还是CBA或AB、AC，都要围绕着作品的主题展开，紧紧抓住舞蹈构思的"核"，讲究新颖的构思。"核"里应透视出强烈的时代气息，浓郁的地方特色，深厚的地域文化，丰富的校园生活，童心童趣的特点。

新颖的舞蹈形象构思还来源于编导对外部强烈感受后的情感聚焦。这是在与人的心灵碰撞后迸发出来的灵性与悟性，是长期积累偶尔得之的结果，是编导对于生活美的独特发现。俗话说："十月怀胎，一朝分娩。"舞蹈构思尤为如此，七分构思，三分编舞。这要求编导精心选材、从严结构，要求编导在构思时丰富想象、严谨布局，抓住一点尽情抒发，让学生在有限的几分钟得到无限的愉悦。

3. 结合浓郁的特色音乐

对于舞蹈创编来说，音乐是尤为重要的。有人说，"音乐是舞蹈的灵魂"，这句话不论是否恰当，但足以说明音乐在舞蹈中的重要地位。不管采用什么音乐，作为编导都要学习音乐、熟悉音乐、分析音乐、研究音乐、掌握音乐，学会巧妙处理音乐，把握好音乐的情绪、节奏、点、线，以及音乐的意境、氛围、和声、配器等。因为音乐是一个织体，只有掌握了它才能更好地为舞蹈服务。在古诗词舞蹈创编中，我们着意选择了谷建芬创作并发表的古诗词音乐20首、易凤林在作品《慧雅乐童》中的古诗词音乐。同时，特邀专家为舞蹈作品《明日歌》和《梅花》量身打造音乐，这些音乐既好听、好学，又不失童趣，深受大家欢迎。

4. 精心编织舞蹈语汇

舞蹈是形象艺术、视觉艺术，是无声的语言。它通过人体这一特殊的载体和优美的舞蹈语汇展示完成。舞蹈是表现人体美的艺术，它追求形象美、律动美、姿态美、流动美、造型美，借助肢体形象地表达人的思想内涵和艺术底蕴，给人以美的享受。舞蹈又是一种动态艺术，学生寓教于乐地学习舞蹈语汇，得到美育教育。因此，开发学生的肢体功能，挖掘舞蹈本体，精心编织每一个舞蹈动作，是舞蹈创作的重要环节，也是体现舞蹈美的重要手段，具体体现在以下几个方面。

（1）主题动作的确立

编导应注意着重寻找作品的舞蹈语汇"核"——主题动作，指的是从该舞蹈作品内容出发，突出该作品人物情感，按照艺术审美规律和作品的审美需要，经过提炼、组织、美化，有节奏、有规律的，能发展变化的、艺术概括化的人体艺术动作。编导需要精心设计出既符合作品内容和人物形象，又含意味、形式感强，有发展前途的、优美的主题动作。因为主题动作越有局限性，就越有创造性，有创造性就有前途性，有前途性就有典型性。这样，其风格就越浓，特色就越显。编导应到学生当中去，在他们身上寻找动作的闪光点，确定舞蹈语汇"核"。

（2）主题动作的发展变化

确定音乐后，编导需反复仔细地聆听、分析、研究，然后将整个舞蹈基本铺排好，根据音乐对设计好的主题动作进行破解、增加、反复、扩大、正面、反向、发展、延伸处理，严格地变奏、自由地变奏。有时还应借助力学的原理，将同力（两人以同等力效同时平行展开，达到平缓和谐）、合力（两种力量交叉进行，产生一种扶持依靠关系）、拉力（由失衡到平衡的力）、推力（由平衡到失衡的力）、接力（延伸、传递、变化的力）、助力（一方的动律经过对方的帮助延伸强化）、抗力（矛盾冲突，对抗、排斥的力）等各种力效进行选择、组合（选择力效—实验动作—修饰姿态—完成组合—检验情感），交替使用。

（3）主题动作的有机编排

主题动作通过力效发生变化，形成同一动作的不同角度和画面，再进行有机的组合、编排，使主题动作前接后通，像链条一样贯穿始终，延绵不断、起承转合。这样同一动作可以发展成无数个"A、B、C"，犹如一串串美丽的花环连在一起，形成一个精美绝伦的好舞蹈。

（三）《中华诗音舞》创作实践

中国古诗词是古代劳动人民的智慧结晶，是中国文化博大精深、源远流长的象征，也是世界独一无二的。当我们继承发展传统文化时，可以通过舞蹈创编给古诗词注入新鲜血液，感受古诗词和舞蹈带来的艺术魅力，让我们的生活更艺术化。在《中华诗音舞》中，学生品尝到古诗词和舞蹈带来的艺术盛宴，有助于提高其思想品德，提升对美的追求，培养思维想象力，开发创新创造性思维，全面提升核心素养。《中华诗音舞》在展示优美舞蹈作品的同时，继承发展中国古诗词文化，增强爱国主义热情与民族文化认同感和凝聚力。

1.古诗词与童趣舞蹈的艺术碰撞

著名儿童文学家陈伯吹先生说："一个有成就的作家，能够和儿童站在一起，善于从儿童角度出发，以儿童的耳朵去听，以儿童的眼睛去看，特别是从儿童的心灵去体会，就必然会写出儿童看得懂，喜欢看的作品来。"

少儿舞蹈世界五彩缤纷，少儿灵魂纯洁无瑕，舞蹈动作千姿百态。一个优秀的少儿舞蹈编导，首先要有良好的艺术修养，具备丰厚的文化知识和丰富的生活积累，还要学习文学、历史、音乐、戏剧、美术、舞台美术等不同类型的艺术。同时，要热爱生活、热爱孩子，对少儿心理有一定的研究，具有一双观察生活的独特慧眼，强烈的生活感悟能力，高度的艺术审视能力和一颗永不泯灭的童心。

我们在创作小学古诗词舞蹈时，针对孩子们的特点，以童心发童趣，以童趣编舞蹈。通过形象生动地模仿和学习舞蹈动作，可以调动他们进行舞蹈课程的积极性。在此过程中，学生们身心得到了放松，兴趣得到了满足。古诗词与当今童趣舞蹈的碰撞，产生出了艺术火花，使得舞蹈课格外的生动活泼、有趣有益。

例如，《咏鹅》（"鹅鹅鹅，曲项向天歌。白毛浮绿水，红掌拨清波"——唐·骆宾王）一诗中对鹅有着生动的描写，根据白毛、红掌、清波的色彩对比，便迅速找到了五指捏紧似鹅头、手臂伸直高举似鹅颈的舞蹈语汇，将其用于小学课程的课间律动。具体为：四指并拢，大拇指张开，上下开合似鹅嘴开合，双臂高举头顶，五指捏紧，左右转动手腕似鹅在水中游玩。相信这样形象逼真且富有童趣的舞蹈语汇，定能引起孩子们的兴趣。一堂以鹅为形象的课间律动，练习手臂与手腕灵活性的训练课程跃然眼前。

再如，创编《悯农》（"锄禾日当午，汗滴禾下土。谁知盘中餐，粒粒皆辛苦"——唐·李绅）作品时，学生们"噼噼啪"地相互击掌，推腕做游戏，以及拍拍桌、拍拍手、拍拍身体、跺跺脚的舞蹈动作，既训练学生们的节奏感，又让他们了解农民伯伯的辛勤劳作，与爱惜粮食的重要性。

在《晓窗》（"少闻鸡声眠，老听鸡声起。千古万代人，消磨数声里"——清·魏源）的舞蹈中，成对的学生在第一段面对面扮演两只"公鸡"早起打鸣、逗趣、对视，进退有趣；第二段合作扮演一只大公鸡，相互拉手，和谐合作，欢快跳跃。如此，学生们既学习了古诗词舞蹈动作，又在童趣中提高默契配合，培养他们团结友爱、相互友好的合作精神。

2.古诗词与中国古典舞意境的情景交融

纵观中国古典舞的发展，与中国古诗词有着渊源。古诗词为古典舞提供了重要的创作素材，使古典舞内容变得更加广泛丰富，借古诗词表达主题的古典舞作品屡见不鲜。中国古典舞的艺术形式则与古诗词描绘的情景相得益彰，均着重笔墨于营造艺术氛围，提供丰富的想象，让观赏者在特定的空间中畅游、驰骋，共同传递着中华民族的精神内涵和文化艺术追求。它们在意境追求方面有着许多相同之处，都表现中国传统文化艺术的价值和特点，体现古人对精神世界的不断探索。如何以古诗词营造的意境助力舞蹈创作，是舞蹈编导需要思考的重要问题。

如中学的"操场舞动"中，《出塞》（"秦时明月汉时关，万里长征人未还。但使龙城飞将在，不教胡马度阴山"——唐·王昌龄）用大笔勾勒出一幅壮阔的关塞图画而不作细致描绘。一轮明月照耀着边疆关塞，为万里边关赋予了悠久的历史感，令人触景生情，联想起秦汉以来无数至死未归的边关将士。这首诗反映戍边战士巩固国防，保家卫国的壮志凌云，洋溢着爱国之情和民族自豪感。而在编舞中，编导则需突出气势豪迈，铿锵有力，注重战争意境的渲染，在舞蹈中塑造一群戍边战士保家卫国的群雕形象。如"将领"察看地形，运筹帷幄、指挥千军万马；在紧锣密鼓的音乐声中，"战士们"扬鞭催马，时而行进射击，时而击鼓迂回，一段生动表现战马嘶鸣的古典舞，在古诗词的意境中形成了情景交融的舞蹈意蕴。

《相思》（"红豆生南国，春来发几枝。愿君多采撷，此物最相思"——唐·王维）是一首借咏物而寄托相思的情诗，适用于中学课程的课间律动。诗虽简单却富有想象，诗句既切中题意又关乎情思，妙笔生花，婉曲动人。此诗情调高雅，饱满奔放，语言朴实无华，韵律和谐柔美，把相思之情表达得入木三分，可谓上乘佳作。若将《相思》营造的饱满情思、情感带入舞蹈编排中，则需落在古典舞"提、沉、冲、靠、含、仰、移、腆、拧"的气息元素中，扬掌、按掌随着呼吸和身体变化，以腰为轴平圆移动；用小五花与身体的冲、靠相互配合，在单指中寄托情思，在云手画圆冲掌中渗透着对亲人的思念。古诗词与古典舞意境的交融使舞蹈更有韵味，舞蹈作品更富有艺术张力。

在中学课间律动中，宋·苏轼《饮湖上初晴后雨》"水光潋滟晴方好，山色空蒙雨亦奇"的这两句诗，编导应当注重营造舞蹈的意境，让学生身临其境。学生双臂上下波动似西湖的水在静静地流淌；双手扩指于头顶，五指前后抖动似江南的雨丝，淅淅沥沥下个不停；双手合十打开，似湖中的荷花含苞绽放；双臂贴耳垂直上下波动，似湖边的柳树吐出新枝，随风摇曳。舞蹈通过小五花、轮指、单指、剑指、云手、穿手及身体的呼吸，营造一幅江南西湖美景图，让人流连忘返，陶醉其间。

古诗词与古典舞互相交织、互相借鉴、互相融合。通过诗词内涵表现古典舞的神韵和意蕴，达到意境的高度融合。在古诗词与古典舞创编中，需强调以下几点：

（1）编舞应注重追求古诗词的意境，编出的古典舞才能体现意蕴悠长、内涵耐人寻味、情感浓厚的特点。

（2）创作中国古典舞时，应承袭古诗词的精神和特点，并在舞蹈创作中，将意境作为创作的精神支柱，引导学生在欣赏古典舞的过程中，将意境美作为赏析的重要因素之一。

（3）中国古典舞与古诗词在艺术上的共鸣应着重体现在意境的情景交融上。

3.古诗词与中国民族民间舞的有机融合

民族民间舞是在人民群众中广为流传，具有鲜明民族风格、地域特色的传统舞蹈形式。现代民族民间舞研究者综合民族民间舞的产生、发展，以及其特性，将民族民间舞概括为"一个民族或地区物质文明精神文化发展中，由劳动人民集体创作又在群众中传承，进行广为流传的舞蹈形式"。这说明民族民间舞既表现了一定历史时期的背景，又随着社会生活的发展注入新的血液。民族民间舞始终保持着本民族、本地域的文化属性与风格，这也是其久盛不衰的原因。

来自于民间大众的古诗词与民族民间舞有着诸多相通之处：（1）创作素材均来自民间。（2）具有地域文化浓厚、风格鲜明的特点。（3）与百姓生活紧密相关,人们参与性强,有群众基础。(4)是老百姓喜闻乐见的艺术形式。(5)有自娱自乐和丰富自己、娱乐他人的基本属性。(6)古诗词与民族民间舞都是表达美与情感的艺术形式。

这些素材经过古代诗人、舞人和当今文艺工作者的挖掘、整理、修改、提高,不断焕发着艺术的魅力。

在中学的校园舞蹈中,创编《寻胡隐君》("渡水复渡水,看花还看花。春风江上路,不觉到君家"——明·高启)舞蹈所运用的表现形式就是江南素材的民间舞。诗中饶有兴趣地描写沿途领略的春光,"复、还"两字勾勒出总想看个够、总也看不够的感觉。于是,在舞蹈创作中,也借助重叠句的手法,编排中注重体现"复"与"还"的舞蹈重复再现。

清新、婉约、柔和、秀美是江南一带吴越舞蹈的主要特征,江南素材的秧歌也没有北方的高亢奔放,而是委婉柔美。舞蹈形式美重在"扭",以及"线"的移动和"圆"的表象,舞蹈强调"扭"在其中,一个"扭"字把舞蹈的体态充分勾勒出来。因此,在编排中以"扭"字为主题动作,以"十字步"为原型,加上小碎步、抬踮步、踏踮步、横移步、上十字、下十字等基本步伐的扭动,以及提腕、压腕、推腕的扭动,单腿划圆推磨扭,踏步碾转扭……这些动作表示过了一山又一山;手腕摆臂象征船边撩水,提裙横移步踏翻身象征过了一水又一水,沿途风光看不尽。舞蹈运用叠句法,以三种不同的划船舞姿突出古诗的意境。左右双手推腕寻花预示着"看花还看花",紧紧抓住对春光的感受。通过各种扭的体态和舞蹈语汇的再现,巧妙地体现古诗词的山重水复柳暗花明的内涵。

舞蹈汉乐府《长歌行》("百川东到海,何时复西归?少壮不努力,老大徒伤悲"——汉·汉乐府)也是根据古诗词的创意而编排,《长歌行》是一首咏叹人生的歌,此诗以水流到海不复回,比喻光阴如流水、一去不复返,劝导人们珍惜青春年华,发奋努力,不要等老了再后悔。这首诗从眼前看到的美景想到人生的易逝,鼓励青年人珍惜时光,催人奋起,给人一种扬鞭催马、跃跃欲试之感。在舞蹈创编中选取了蒙古族民间舞蹈。

蒙古族舞蹈多以抖肩、翻腕等动作来表现蒙古族姑娘欢快优美、热情开朗的性格；男子的舞姿造型挺拔豪迈，步伐轻盈洒脱，表现蒙古族男性剽悍英武、刚劲有力之美。为了使诗词的意蕴得到尽情发挥，舞者从舞台两侧对穿，象征着从东到西百川汇合流归大海之意。二人对视做硬腕、硬肩律动前进，似雄鹰展翅地提腕、压腕及张开大臂，给人以粗犷、彪悍，迎着风浪前进之感。步伐由轻盈到跳跃，硬腕、硬肩、柔臂等各种蒙古族的舞蹈语汇和体态，表达出人们对幸福生活的追求和歌颂。随着节奏变换，舞蹈动作加速，步伐加大，调度对穿行进，有种拼搏奋进之感，到最后，由原来的硬肩前行步伐到双手压腕、提腕，马蹄踏步跳跃前进，形成诗句"少壮不努力，老大徒伤悲"的内涵与舞蹈语汇的有机融合。

此外，还有以踢踏舞的形式展示唐·王之涣的《登鹳雀楼》和清·陈沆《一字诗》的"操场舞动"，将古诗词内涵融入舞蹈创作，根据诗的内容和音乐特色创作成武术舞蹈，以弘扬中华武术精神等等。

第二章 《中华诗音舞》课程·小学

一、小学课程简介

《中华诗音舞》小学课程形式有坐姿舞、双人舞、集体舞、童趣舞、踢踏舞、健身舞、江南素材的民间舞、"小型歌舞剧"人物形象塑造和表演,通过由浅入深、循序渐进的学习实践,提升学生的表演、欣赏、创新能力。小学课程注重从以下几个方面培养学生的能力。

(一)表现能力

课程注重舞蹈艺术的律动教育与身体素质教育,提高学生的身体素质。在学习课间律动(利用课间十分钟的坐姿舞)、操场舞动(晨操健身舞)、校园舞蹈(校园集体对舞)时,学生沉浸在古诗词朗诵与欢快动听的音乐声中学习舞蹈,既学会了舞蹈动作,加强了身体的协调性、柔韧性、灵活性,又培养了自己的舞蹈兴趣,增强了自己的表现欲,从而形成艺术课程和文化课程相结合的良性循环。通过巩固中国传统文化知识,课堂将变得更加开心、有趣、丰富、生动。

(二)欣赏能力

课程强调审美教育与思维逻辑教育。因此,课程设计借古喻今,通过小型歌舞剧实践活动,引导学生学习歌舞表演。歌舞剧的表演形式对于大部分小学生而言是陌生的,甚至从未接触过。因此,需要引领小学生了解小型歌舞剧的内容、形式、特点,了解古诗词的时代背景,认识古代人物，学习角色塑造和即兴表演。例如，引导学生感受《元日》节日的热烈气氛，体会《清明》的念祖亲情，学习《梅花》的傲雪凌霜，学生在歌舞表演中尽情发挥、释放情感。学生在表演中学会欣赏，在欣赏中学会整合知识，在整合中展现自我，进一步提升自身对人物形象的捕捉和角色塑造的能力。《中华诗音舞》将古诗的文化精髓渗透于歌舞表演的现代艺术教育之中，使古诗更好地传承，中华民族文化得到创新、发展。

（三）融合、创造能力

课程专注舞蹈创编的启蒙教育与创新能力教育，提高学生舞蹈创新、创编能力。而创编课程的启蒙教育，对于学生而言极为重要。《中华诗音舞》运用各种舞蹈素材和舞种的创作元素，以传统的古诗内容、意境与舞蹈艺术相结合，碰撞出灵感的火花，提高学生创新能力，激发想象力，鼓励个性张扬。古诗可以作为社团舞蹈的重要创作素材之一，学生自主进行音乐创作、舞蹈创编，形成原创的舞蹈作品，并在教师的指导下，展开学习、表演。

创编舞蹈是指学生在掌握了一定的舞蹈组合和舞蹈动作的基础上，进行的即兴表演，这是由教师引导学生进行创造的艺术实践活动。首先，教师需要引导学生学习舞蹈创编知识，学习舞蹈与姊妹艺术的关系，学习舞蹈与其他学科的关联，学习舞蹈与生活的关系。学生可通过古诗词动画、漫画、影像、音乐等艺术形式创作古诗词舞蹈，营造课堂氛围，用独特的眼光和思维学习创编。可以小组为单位，或与他人合作，学生在浓厚的兴趣中学习舞蹈创编，激发想象力，开动脑筋，天马行空，即兴表演，学习编舞句、舞段、舞蹈。教师帮助学生找到舞蹈创编的快乐，增强自信，提高模仿能力和舞蹈欣赏能力。

二、课程设置

(一)课间律动(坐姿舞)

利用课间十分钟学习坐姿舞,在游戏中寻找学习的乐趣。《明日歌》教会学生珍惜宝贵时间。以《咏鹅》为例:学生模仿鹅的形象,练习手臂及手腕的灵活性。以《悯农》为例:学生练习拍打书桌和击掌的动作,锻炼学生的节奏意识。

推荐下列古诗为课间律动内容。

咏 鹅

[唐]骆宾王

鹅,鹅,鹅,曲项向天歌。
白毛浮绿水,红掌拨清波。

明日歌

[明]钱鹤滩

明日复明日,明日何其多。
我生待明日,万事成蹉跎。

悯 农

[唐]李 绅

锄禾日当午,汗滴禾下土。
谁知盘中餐,粒粒皆辛苦。

(二)操场舞动(晨操健身舞)

利用晨操和大课间活动,让学生走出教室拥抱大自然,呼吸新鲜空气,清新大脑、舒展肢体,以欢快的节奏、踢踏的旋律、跳跃的舞步开始新课程的学习。学习江南素材舞蹈的基本步伐,让学生掌握江南素材民间舞的风格。

推荐下列古诗为操场舞动内容。

春 晓
[唐]孟浩然

春眠不觉晓,处处闻啼鸟。

夜来风雨声,花落知多少。

登鹳雀楼[①]
[唐]王之涣

白日依山尽,黄河入海流。

欲穷千里目,更上一层楼。

江 南[②]
[汉]汉乐府

江南可采莲,莲叶何田田。

鱼戏莲叶间,鱼戏莲叶东,

鱼戏莲叶西,鱼戏莲叶南,鱼戏莲叶北。

---

① 可编为踢踏舞。
② 可运用江南素材民间舞创编。

（三）校园舞蹈（校园集体对舞）

校园舞蹈通常由两名学生交流完成，有益增进同学间友谊，培养协调与合作能力。例如通过模仿公鸡的舞蹈动作，模拟公鸡早起打鸣、逗趣的表演，学生可以学习舞蹈语汇，塑造动物形象。

推荐下列古诗为校园舞蹈内容。

晓　窗

[清]魏　源

少闻鸡声眠，老听鸡声起。

千古万代人，消磨数声里。

《村居》舞蹈描绘出，放学后学生们背着书包结伴而行，跑出校园，一同玩耍，忙放风筝，嬉戏打闹，童趣无限。

村　居

[清]高　鼎

草长莺飞二月天，拂堤杨柳醉春烟。

儿童散学归来早，忙趁东风放纸鸢。

（四）歌舞表演（小型歌舞剧）

小型歌舞剧是由音乐、舞蹈、戏剧、朗诵、舞台美术（灯光、服装、道具、化妆）等内容组成的综合的表演艺术形式，需任课舞蹈教师自行创作完成。

推荐下列古诗为歌舞表演内容。

元　日

[宋]王安石

爆竹声中一岁除，春风送暖入屠苏。

千门万户曈曈日，总把新桃换旧符。

梅　花

[宋]王安石

墙角数枝梅，凌寒独自开。

遥知不是雪，为有暗香来。

清　明

[唐]杜　牧

清明时节雨纷纷，路上行人欲断魂。

借问酒家何处有？牧童遥指杏花村。

（五）社团舞蹈（综合性表演）

本课程所指的社团舞蹈是指在教师精心挑选古诗内容的基础上，所创作的音乐和舞蹈相结合的原创作品，其创作主题好、立意高，适合学生学习、展演。

推荐下列古诗为社团舞蹈内容。

明日歌

[明]钱鹤滩

明日复明日，明日何其多。

我生待明日，万事成蹉跎。

赋得古原草送别

[唐]白居易

离离原上草，一岁一枯荣。

野火烧不尽，春风吹又生。

元 日

[宋]王安石

爆竹声中一岁除，春风送暖入屠苏。

千门万户曈曈日，总把新桃换旧符。

（六）创编舞蹈（创编课程）

精心挑选古诗素材创设环境，渲染意境，引导学生在特定的时空中即兴发挥，创新表演。由教师引导、带领学生根据古诗内容、情境学习现代交响编舞技法的知识，以及即兴表演，创编舞句、舞段、舞蹈等。

三、课程目标

1—2 年级课程目标：学习课间律动、操场舞动、校园舞蹈时，学会观察模仿、认知身体部位、认识舞蹈语汇、学习舞蹈律动、捕捉形象与表演。

3—5 年级课程目标：学习舞蹈动作元素与表演技能的过程中，注重学习"小型歌舞剧"，了解它的起源、发展和主要艺术特征，学习"即兴表演"，学会塑造人物形象和表达人物情绪、情感。同时，体验各种舞蹈风格，最终完成舞蹈艺术的美育教育与思想道德的教育。

四、教学课时安排

课程名称	课程内容	课时安排（每班）
课间律动 （坐姿舞） （课间十分钟）	《咏　鹅》	4
	《明日歌》	4
	《悯　农》	4
操场舞动 （晨操健身舞）	《春　晓》	8
	《登鹳雀楼》	8
	《江　南》	8
校园舞蹈 （校园集体对舞）	《晓　窗》	10
	《村　居》	10
歌舞表演 （小型歌舞剧）	《元　日》	32（原创）
	《梅　花》	32（原创）
	《清　明》	32（原创）
社团舞蹈 （综合性表演）	《明日歌》	32（原创）
	《赋得古原草送别》	32（原创）
	《元　日》	32（原创）
创编舞蹈 （创造性）	精心挑选古诗为创作素材，创设环境，渲染意境，引导学生在特定的时空中，即兴发挥，创新表演。	长　期

五、教学步骤

(一)课间律动(坐姿舞)

咏 鹅

[唐]骆宾王

鹅,鹅,鹅,曲项向天歌。

白毛浮绿水,红掌拨清波。

1. 训练目的

训练手臂及手腕的灵活性与表现力,培养学生的模仿能力。

2. 主要动作及要求

(1)白鹅手形:五指并拢,顶腕,大拇指指腹与食指第二指节相捏,模仿白鹅的头部形态。

(2)小鹅(单手)张嘴舞姿1:左手屈肘平放于桌面,右手肘放于左手指背,折臂90度,白鹅手形指尖朝7点,手指做开合状,左右横移。

(3)小鹅(双手)张嘴舞姿2:双手掌形手,上下相叠屈肘胸前位,手心朝下,右上左下手掌做开合状。

(4)小五花:(以右为例)准备位为兰花指手形,双手手背相对,手腕相靠。①指尖带动,形成右手掌心向外,左手掌心向内。②指尖带动,双手手心相对形成花朵状。③指尖继续带动,形成右手掌心向内,左手掌心向外。④最后双手相背、手腕相靠回到准备位。

(5)白鹅仰头舞姿1:右手白鹅手形,从左往右,单臂立圆下弧线抬至 2 点斜上方，头右转，眼随右手，左手背手。

（6）白鹅仰头舞姿 2：双手白鹅手形，指尖朝 7 点，仰头目视 1 点斜上方，右臂、左臂依次正上位举起。

（7）白鹅舞姿：左手白鹅手形，手肘微屈，右手指尖搭于左臂弯处，左手抬至 8 点斜上方，仰头目视指尖方向。

（8）白鹅戏水：掌形手，双手与肩同宽，右臂、左臂身前大波浪手，右手启动上下交替。

（9）交替耸肩：双手旁按手，右肩启动，双肩上下交替耸肩。

3. 组合动作与顺序节奏

音乐：$\frac{2}{4}$

准备位：面向 1 点，双臂左下右上，整齐叠放书桌上，低头，额头贴于右臂上。

前奏（三个 8 拍 +2 拍）

① 第 1-2 拍　准备位。

第 3-4 拍　抬头，身体直立（目视 1 点）。

第 5-6 拍　右手抬起白鹅手形（见图 2-1）。

图 2-1

第 7-8 拍　小鹅（单手）张嘴舞姿 1，2 次。

② 第1-2拍　身体、手朝2点前倾，做小鹅（双手）张嘴舞姿2，手张开，头随动，身体回正，小鹅（双手）张嘴舞姿2，手合拢。

第3-4拍　身体向8点，重复第1-2拍动作，头随动。

第5-6拍　胸前做一个小五花（目视1点）。

第7-8拍　胸前小鹅（双手）张嘴舞姿2，身体前倾，头随动（目视1点）。

③ 第1-8拍　重复②第1-8拍动作。

第9-10拍　重复②其中第7-8拍动作。

第一段（四个8拍+4拍）

① 第1-4拍　（歌词：鹅鹅鹅）白鹅仰头舞姿1（见图2-2）。

图2-2

第5-8拍　（歌词：曲项向天歌）在白鹅仰头舞姿1基础上折腕，小臂上下伸屈并点头，做3次，目视右手方向。

② 第1-4拍　（歌词：白毛浮绿水）右手腕左右转动模仿白鹅转头，左、右、左转手腕。

第5-8拍　（歌词：红掌拨清波）身体回正，面向1点，做白鹅戏水，上下交替3次。

③ 第1-2拍　（歌词：鹅鹅鹅）左手白鹅舞姿，转头，眼随手动（见图2-3）。

第 3-4 拍 （歌词：鹅鹅鹅）右手白鹅舞姿。

图 2-3

第 5-8 拍 （歌词：曲项向天歌，白毛）保持白鹅舞姿，3次点头，重拍向下，左手指尖转向4点。

④ 第 1-4 拍 （歌词：浮绿水）左手腕向左转动，手腕右、左、右转动3次，手指尖向4点停住。

第 5-8 拍 （歌词：红掌拨清波）身体回正，面向1点，白鹅戏水3次，1拍1次。

第 9-12 拍　回到准备位。

第二段（四个8拍+2拍）

① 第 1-2 拍　准备位，右手举起白鹅手形（目视1点）。

第 3-4 拍　小鹅（单手）张嘴舞姿1，2次。

第 5-6 拍　右手白鹅仰头舞姿2，眼随手动。

第 7-8 拍　左手白鹅仰头舞姿2。

② 第 1-2 拍　双手手腕模仿白鹅转头，2拍1次，先右后左。

第 3-4 拍　双手白鹅转头3次，右、左、右，于第4拍停住。

第 5-6 拍　重复本小节第1—2拍动作。

第 7-8 拍　重复本小节第3—4拍动作。

③ 第 1-2 拍　身体回正，面向1点交替耸肩，右启动。

第 3-4 拍　左耸肩。

第5-7拍　交替耸肩3次。

第8拍　肩膀回正。

④ 第1-10拍　重复本段③第1-8拍动作，做反面动作。

第三段（重复第一段动作）

① 第1-8拍　重复第一段①第1-8拍动作。

② 第1-8拍　重复第一段②第1-8拍动作。

③ 第1-8拍　重复第一段③第1-8拍动作。

④ 第1-12拍　重复第一段④第1-12拍动作。

结束（三个8拍）

① 第1-8拍　重复第二段①第1-8拍动作。

② 第1-8拍　重复第二段②第1-8拍动作。

③ 第1-4拍　旁按手，右肩启动，快速上下交替耸肩。

第5-6拍　右手经过左下方，至2点斜上方。

第7-8拍　右手白鹅仰头舞姿1（目视2点）。

4. 教育意义

此课程借助可爱的动物形象培养学生的观察力和模仿能力，引导学生保护动物，从小培养环保意识。同时，舞蹈可启发学生对古诗的喜爱，使他们更好地接受和记忆古诗。

明日歌

[明]钱鹤滩

明日复明日,明日何其多。

我生待明日,万事成蹉跎。

1. 训练目的

通过上肢与方位的练习,引导学生认识和把握节奏变化,提高学生的协调能力。

2. 主要动作及要求

(1)沉思舞姿:人体端坐面对1点,右手屈肘平放在桌面,左手手肘放于右手指尖处,手臂呈90度,手握空心拳,右倾头靠于指背处,做沉思状。

(2)上课舞姿:人体端坐面对1点,双手屈肘横放胸前,左手在下,右手在上,掌形手,手心朝下平放于桌面。

(3)遮掩手势1:双手掌形手,指尖相对,遮住眼睛,手肘于身体两侧打开与肩平齐。

(4)遮掩手势2:双手掌形手,手心朝内指尖朝上,遮脸,双手并拢于身体正前方。

(5)躲猫猫:(以右为例)保持遮掩手势2,右脸颊向3点探出,目视前方。

(6)读书舞姿:(以右为例)面向2点,双手掌形手,双臂屈肘90度,平行于身体正前方,右手略高于左手。

(7)书写舞姿:在读书舞姿的基础上,左手握拳、食指伸出,点于右手掌心处,左右快速小幅度滑动。

（8）动脑筋手势：在读书舞姿的基础上，左手握拳、食指伸出，食指位于左侧太阳穴处，手腕带动指尖绕圈。

（9）举手发言：在上课舞姿的基础上，右小臂抬起，形成90度举手状。

（10）小树生长：双手立掌，左手胸前位，手掌平行于右手指尖，左右手交替4次向上，眼随手动停于斜上方。

（11）双分手舞姿：双手从头顶上方，向身体两侧打开，手臂呈圆弧形。双手由上往下，停至旁斜上位、旁平位、旁按手位、正下位，重拍完成。

（12）双手拍手舞姿：打击桌面，掌形手双手击掌、双手拍桌、耳侧击掌，1拍1次，先右后左。

3. 组合动作与顺序节奏

音乐：$\frac{2}{4}$

准备位：沉思舞姿

（歌词：明日复明日）保持沉思舞姿（见图2-4）。

图2-4

（歌词：明日何其多）抬头目视正前方。

（歌词：我生待明日）上课舞姿，额头贴于右手臂上方。

（歌词：万事成蹉跎）抬头。

前奏(2拍 + 两个8拍)

音乐2拍完成下述动作:

双手握拳,伸懒腰,从身体正前方向上打开,从身体两侧落下,回到上课舞姿。

① 第1-4拍　右倾头,头回正。

　　第5-8拍　左倾头,头回正。

② 第1-4拍　头部向右绕,低头抬头。

　　第5-8拍　头部向左绕,低头抬头。

第一段(八个8拍)

① 第1-2拍　(歌词:明日)面向1点遮掩手势1(见图2-5)。

图2-5

　　第3-4拍　(歌词:复明日)遮掩手势2(见图2-6)。

图2-6

　　第5-8拍　(歌词:明日何其多)遮掩手势1、遮掩手势2,1拍1次。

② 第1-2拍　(歌词:我生)右启动,躲猫猫。

第3-4拍 （歌词：待明日）反面动作。

第5-8拍 （歌词：万事成蹉跎）双手从左到右，划下弧线到右侧，转头向2点，读书舞姿（见图2-7）。

图 2-7

③ 第1-8拍　重复①第1-8拍动作。

④ 第1-8拍　重复②第1-8拍动作，做反面动作。

⑤ 第1-2拍　面向1点上课舞姿。

第3-4拍　举手发言。

第5-8拍　举手发言2次。

⑥ 第1-4拍　小树生长动作，1拍1次，左右手交替，面向1点，眼随手动。

第5-8拍　双分手舞姿（目视1点）。

⑦ 第1-8拍　重复⑤第1-8拍动作，做反面动作。

⑧ 第1-8拍　重复⑥第1-8拍动作。

第二段（八个8拍）

① 第1-4拍 （歌词：明日）面向2点，读书舞姿，右手2拍举起，左手2拍举起。

第5-8拍 （歌词：复明日）从右侧开始右、左倾头3次，手随头动。

② 第1-8拍 （歌词：明日何其多）保持读书舞姿，手从左至右划圆，眼随手动。

③ 第1-4拍 （歌词：我生）面向2点，书写舞姿。

第5-8拍 （歌词：待明日）从右侧开始右、左，手指点3次，头随手做倾头。

④ 第1-4拍 （歌词：万事成）面向2点，左手划下弧线，眼随手动落于左侧斜后的脑后处。

第5-8拍 （歌词：蹉跎）左手动脑筋手势，转头目视右手（见图2-8）。

图 2-8

⑤ 第1-8拍 重复①第1-8拍动作，做反面动作。
⑥ 第1-8拍 重复②第1-8拍动作，做反面动作。
⑦ 第1-8拍 重复③第1-8拍动作，做反面动作。
⑧ 第1-8拍 重复④第1-8拍动作，做反面动作。

第三段（四个8拍）

① 第1-4拍 （歌词：明日复明日）面向1点双手拍桌拍手舞姿，1拍1个动作。

第5-6拍 （歌词：明日）双手放于桌面不动。

第7-8拍 （歌词：何其多）双手位于右耳旁，拍手2次。

② 第1-8拍 重复①第1-8拍动作，做反面动作。
③ 第1-8拍 重复①第1-8拍动作。
④ 第1-8拍 重复②第1-8拍动作。

结束：做上课舞姿。

4.教育意义

本课程结合古诗内容，教育学生从小珍惜时间，紧紧抓住今天，才会有充实的明天，而不是浪费时间、虚度光阴。

悯　农

［唐］李　绅

锄禾日当午，汗滴禾下土。
谁知盘中餐，粒粒皆辛苦。

1.训练目的

通过舞蹈中击掌和拍桌的击打动作练习，提高学生音乐感知能力，以及舞蹈的表现能力。

2.主要动作及要求（舞蹈以两人面对面动作为主）

（1）推腕手：（以右为例）两人配合动作，双手掌形手，与对方合掌，右手直臂推腕，右倾头，左手与对方合掌后屈肘收回胸前位，双手交替进行。

（2）提花篮：（以右为例）两人配合动作，扩指手形，与对方十指交叉握住，左手带动，上提腕至前斜上位似花篮手，右倾头，右手带动，下压手腕至前斜下位似花篮手，左倾头，双手交替进行。两人对视。

（3）摆臂手：（以右为例）双手扩指，手心朝前，右手旁平位直臂，左手屈臂手位于耳旁，右倾头，双手交替左右摆动。

（4）击掌：掌形手，与对方掌心相贴推腕。

（5）打鼓1（单指击打桌面）：握拳，食指伸出，双手食指交替击打桌面。

（6）打鼓2（五指击打桌面）：双手掌形手，交替击打桌面。

3. 组合动作与顺序节奏

音乐：$\frac{2}{4}$

准备位：两人面对面坐。（女面对7点，男面对3点）

前奏（四个8拍）

① 第1-2拍　（女生为例）右倾头回正位。

　　第3-4拍　左倾头回正位。

　　第5-6拍　低头，回正位。

　　第7-8拍　仰头，回正位。

② 第1-4拍　两人同时向1点绕头一圈，低头，回正位。

　　第5-8拍　同时向5点绕头一圈，低头，回正位。

③ 第1-2拍　（两人面对面）直臂掌形手朝1点，手心朝下旁平位，依次从折腕、提肘压腕、直臂推腕、指尖翘起回到旁平位。半拍1个动作。

　　第3-4拍　保持旁平位。

　　第5-6拍　重复本段第1-2拍动作。

　　第7-8拍　右手回到扶腿上。

④ 第1-8拍　重复③第1-8拍动作，直臂掌形手朝5点。

第一段(八个 8 拍)

① 第 1-8 拍 （歌词：锄禾日当午，汗滴禾下土）（两人面对面）胸前拍手 2 次，与同伴击掌 1 次（右手启动，右倾头），反面 1 次。

② 第 1-4 拍 （歌词：谁知盘中餐）（两人面对面）配合胸前位推腕手，外侧手启动，反面重复动作 1 次，头随动（见图 2-9）。

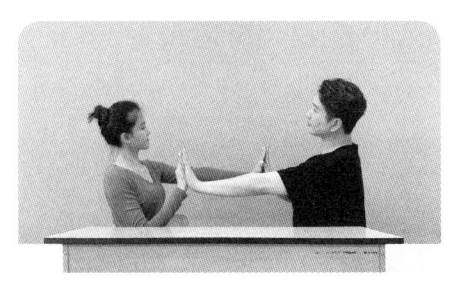

图 2-9

第 5-8 拍 （歌词：粒粒皆辛苦）右手启动，胸前位推腕手，交替 4 次，头随动。

③ 第 1-8 拍 （歌词：锄禾日当午，汗滴禾下土）重复①第 1-8 拍动作。

④ 第 1-4 拍 （歌词：谁知盘中餐）两人配合提花篮，里侧手启动，交替 2 次，头随动。

第 5-8 拍 （歌词：粒粒皆辛苦）里侧手启动，4 次提花篮，1 拍 1 次。

第 9-10 拍 双手放到大腿上，坐正，目视同伴。

⑤ 第 1-8 拍 （歌词：锄禾日当午，汗滴禾下土）（两人面对面）胸前拍手 2 次，右手启动，斜上方击掌，交替 4 次，抬头。

⑥ 第 1-4 拍 （歌词：谁知盘中餐）外侧摆臂手，对面同伴做镜面动作，右倾头 2 拍 1 次交替 2 次。

第5-8拍　（歌词：粒粒皆辛苦）外侧摆臂手，对面同伴做镜面动作，1拍1次交替做4次，头随动。

⑦ 第1-8拍　（歌词：锄禾日当午，汗滴禾下土）重复⑤第1-8拍动作。

⑧ 第1-4拍　（歌词：谁知盘中餐）双手扩指，外侧手启动从耳旁直线举起，里侧手肘贴住身体向5点倾头，交替2次（见图2-10）。

图2-10

第5-8拍　（歌词：粒粒皆辛苦）双手落下扶大腿，双脚小碎步带动身体转向1点。

间奏（四个8拍）

① 第1-4拍　双手十指交叉，掌心向身体方向架起手肘，用掌心向胸口正前方直臂推出。

第5-8拍　双手从身体前方直臂划向天花板，向后甩臂开肩3次，低头，第8拍双手回到正前方。

② 第1-4拍　双手十指交叉，掌心对身体方向架起手肘，用掌心向外直臂推出。

第5-8拍　双手带动向右侧3点拧腰拉伸3次，第8拍双手回到正前方。

③ 第1-8拍　重复本段①第1-8拍动作。

④ 第1-8拍　重复本段②第1-8拍动作，反面动作相同。

第二段（八个8拍）

① 第1-2拍　（歌词：锄禾）右手在胸口划"U"形线，左倾头。

　　第3-4拍　（歌词：日当午）左手在胸口划"U"形线，与右手交叉呈双按掌，右手交替交叉，右倾头。

　　第5-8拍　（歌词：汗滴禾下土）双臂向上伸直，眼随手动，从头顶斜上方慢慢落下，手指做抖动状。

② 第1-2拍　（歌词：谁知）右手食指点于右太阳穴处，右倾头。

　　第3-4拍　（歌词：盘中餐）双手掌形手，虎口相对，低头，于胸前斜下方比作盘子状。

　　第5-6拍　（歌词：粒粒）双手食指伸出，从两侧划到中间，食指靠拢。

　　第7-8拍　（歌词：皆辛苦）双手握拳拳心对身体方向，右上左下，交叉落于胸前，双拳拍打肩膀2次。

③ 第1-8拍　（歌词：锄禾日当午，汗滴禾下土）重复①第1-8拍动作。

④ 第1-8拍　（歌词：谁知盘中餐，粒粒皆辛苦）重复②第1-8拍动作。

　　第9-10拍　拍双手后落于膝盖。

⑤ 第1-2拍　（歌词：锄禾日当）打鼓手势1。

　　第3-4拍　（歌词：午）双手在右耳前拍手3次。

　　第5-6拍　（歌词：汗滴禾下）打鼓手势1。

　　第7-8拍　（歌词：土）双手在左耳斜上方拍手3次。

⑥ 第1-2拍　（歌词：谁知盘中）打鼓手势1。

　　第3-4拍　（歌词：餐）双手在头顶斜前方拍手3次，抬头。

　　第5-6拍　（歌词：粒粒皆辛）打鼓手势1。

　　第7-8拍　（歌词：苦）双脚交替击打地面。

⑦ 第1-2拍 （歌词：锄禾日当）打鼓手势2同时击打桌面3次。

第3-4拍 （歌词：午）双手拍打两侧头部2次。

第5-6拍 （歌词：汗滴禾下）打鼓手势2同时击打桌面3次。

第7-8拍 （歌词：土）手肘架起，双手指尖拍左右肩2次。

⑧ 第1-2拍 （歌词：谁知盘中）打鼓手势2击打桌面3次。

第3-4拍 （歌词：餐）双手拍打大腿2次。

第5-8拍 （歌词：粒粒皆辛苦）双脚碎步带动身体回到两人面对面。

第三段（四个8拍）

① 第1-4拍 （歌词：锄禾日当午）（两人面对面）胸前拍手2次，同伴击掌1次（右手启动，右倾头），反面重复1次。

第5-8拍 （歌词：汗滴禾下土）推掌手，2次慢动作，3次快动作，头随动。

② 第1-4拍 （歌词：谁知盘中餐）（两人面对面）胸前拍手2次，同伴击掌1次（右手启动）反面方向重复1次。

第5-8拍 （歌词：粒粒皆辛苦）两人配合提花篮，里侧手启动，2次慢动作3次快动作，头随动。

③ 第1-4拍 （歌词：锄禾日当午）（两人面对面）胸前拍手2次，右手启动斜上方击掌，抬头，反面方向重复1次。

第5-8拍 （歌词：汗滴禾下土）外侧摆臂手，对面同伴做镜面动作，2次慢动作，3次快动作，头随动。

④ 第1-4拍 （歌词：谁知盘中餐）（两人面对面）胸前拍手2次，右手启动斜上方击掌，抬头，反面方向重复1次。

⑤ 第5-8拍 （歌词：粒粒皆辛苦）双手扩指，外侧手启动从耳旁直线举起，里侧手肘贴住身体向5点倾头，双手扩指于耳旁上下交替，2次慢动作，3次快动作。

结束（5拍）
① 第1-4拍 双手扩指晃手腕，经过胸前交错向上，从身体两侧打开，与同伴双手击掌，经过头顶上方从身体两侧打开，回到双手扶膝。

4. 教育意义

本课程教导学生懂得农民伯伯劳作的辛苦，理解一粥一饭来之不易，做到取之有度、用之有节，爱惜粮食不浪费，同时用舞蹈帮助学生感受节奏变化。

(二)操场舞动(晨操健身舞)

春 晓

[唐]孟浩然

春眠不觉晓，处处闻啼鸟。
夜来风雨声，花落知多少。

1. 训练目的

训练腿部的灵活性、肢体的协调性和控制能力，强调学生之间的默契配合。

2.主要动作及要求(舞蹈以两人面对面动作为主)

(1)抬、压脚跟:体朝1点正步位双手叉腰,双膝蓄力脚跟抬起,重拍向下。

(2)吸跳步:(以右为例)右腿绷脚吸腿至主力腿膝盖内侧,同时主力腿自然吸跳,交替进行,双臂屈肘在腰间前后摆动。

(3)遮脸招手舞姿:体朝8点,正步位双膝半蹲,身体向前倾斜45度(目视斜下方)。① 双臂于胸前,掌形手手心朝内并拢遮脸。② 双臂向两侧伸直打开呈右顺风旗手位,扩指招手,转头看右手方向。

(4)捂耳寻鸟鸣舞姿:① 体朝2点,正步位双膝半蹲,身体向前倾斜45度,双手掌形手捂耳低头。② 双臂两侧伸直打开,呈左顺风旗手位,转头看左手,单指8点斜上方。

(5)微风舞姿:双脚大八字位,双臂与肩同宽,正上位,掌心相对,小臂左右摆动,双脚左右移动重心,头随动,模仿柳枝随风飘动。

(6)细雨舞姿:掌形手,手心朝外举至前斜上位,眼随手动,手指前后抖动,由上落下至叉腰手,双脚并脚,身体随动。

(7)直立转身:直立半脚掌基础上,半脚掌上下快速交替,原地转圈。双手肘架起,指尖点双肩,立转回原位,双手旁按手。

(8)撒花舞姿:① 双手由旁至前斜下位,掌形双手并拢,手心呈捧花状(2拍)。② 双膝站直,双手1拍托前平位,1拍到斜上位,眼随手动(2拍)。③ 双分手身体两侧落下(4拍)。

(9)脚步练习:(以右脚为例,左脚不动)脚尖、脚跟、脚尖、勾脚踢,由慢至快,由原地至跳跃,头左右随动。

3. 组合动作与顺序节奏

音乐：$\frac{4}{4}$

准备位：向1点正步位，叉腰手。

前奏（四个8拍）

① 第1-8拍　双手叉腰，抬、压脚跟4次，2拍1次，重拍向下（目视1点）。

② 第1-8拍　抬、压脚跟，右、左倾头交替4次。

③ 第1-8拍　重复①第1-8拍动作。

④ 第1-8拍　重复②第1-8拍动作。

第一段（八个8拍）

① 第1-4拍　（歌词：春眠不觉）右脚启动，屈肘前后摆臂吸跳步，目视1点。

第5-8拍　（歌词：晓）遮脸招手舞姿，1拍遮脸，1拍招手（见图2-11）。

图2-11

② 第1-4拍　（歌词：处处闻啼）右脚启动，屈肘前后摆臂吸跳步，目视1点。

第5-8拍　（歌词：鸟）捂耳寻鸟鸣舞姿，1拍捂耳，1拍寻鸟鸣（见图2-12）。

中华诗音舞

图 2-12

③ 第 1-8 拍 （歌词：夜来风雨声）重复 ① 第 1-8 拍动作。

④ 第 1-8 拍 （歌词：花落知多少）重复 ④ 第 1-8 拍动作。

⑤ 第 1-8 拍 （歌词：春眠不觉晓）微风舞姿左起做 4 次，目视 1 点（见图 2-13）。

图 2-13

⑥ 第 1-4 拍 （歌词：处处闻啼鸟）细雨舞姿，眼随手动。

第 5-8 拍　正步位叉腰手，目视 1 点。

⑦ 第 1-4 拍 （歌词：夜来）双手搭肩，直立左转，到正后方半蹲落地旁按手，目视 5 点。

第 5-8 拍 （歌词：风雨声）双手搭肩，直立左转，落地半蹲旁按手，目视 1 点。

⑧ 第 1-8 拍 （歌词：花落知多少）体朝 1 点，右脚向前跳并步蹲接撒花舞姿。

第二段

重复第一段动作 ①-⑧。

间奏（四个8拍）

① 第1-8拍　两人右手配合互挽手，左手旁斜上扬手，两人对看3点转圈至原位。

② 第1-8拍　重复①第1-8拍动作，反面动作相同。

③ 第1-4拍　两人正步位面对面，2拍双臂于前斜下位掌形手贴合，低头含胸，2拍展胸，双手旁斜上位打开。

　第5-8拍　1拍两人双臂前平位拉手半蹲，1拍直立，目视同伴。

④ 第1-8拍　两人手拉手，右手折臂收回肩前位，左手伸直旁平位，抬头对看7点转圈至原位。

第三段（八个8拍）（两人面对面做动作）

① 第1-8拍　（两人面对面）（以右为例）（歌词：春眠不觉晓）左倾头，双手直臂旁平位，右手掌形提腕带动手臂，从正下位提至旁斜上位，左手压腕于旁按手位，同时左腿屈膝半蹲。左、右、左重复3次。

② 第1-8拍　（歌词：处处闻啼鸟）遮脸招手舞姿，1拍遮脸，3拍招手。

③ 第1-8拍　（歌词：夜来风雨声）重复第三段①第1-8拍动作。

④ 第1-8拍　（歌词：花落知多少）两人面对面做捂耳寻鸟鸣舞姿。

⑤ 第1-8拍　重复第一段⑤第1-8拍，面对面动作。

⑥ 第1-8拍　重复第一段⑥第1-8拍，面对面动作。

⑦ 第1-8拍　重复第一段⑦第1-8拍动作。

⑧ 第1-8拍　重复第一段⑧第1-8拍动作,其中第5-8拍两人转向1点。

间奏(四个8拍)

① 第1-8拍　右脚脚步练习,2拍1个动作(目视1点)。

② 第1-8拍　左脚脚步练习,2拍1个动作(目视1点)。

③ 第1-4拍　右脚脚步练习,1拍1次(目视1点)。

　第5-8拍　左脚脚步练习,1拍1次(目视1点)。

④ 第1-4拍　左脚脚步练习,1拍1次(目视1点)。

　第5-8拍　叉腰手正步位(目视1点)。

第四段(六个8拍)

① 第1-8拍　重复第一段①第1-8拍动作。

② 第1-8拍　重复第一段②第1-8拍动作。

③ 第1-8拍　重复第一段③第1-8拍动作。

④ 第1-8拍　重复第一段④第1-8拍动作。

⑤ 第1-8拍　重复第一段⑤第1-8拍动作。

⑥ 第1-4拍　(歌词:花落)正步位叉腰手(目视1点)。

　第5-8拍　(歌词:知多)双手搭肩,直立左转到正后方,落地半蹲,旁按手(目视5点)。

　第9-12拍　(歌词:多)双手搭肩,直立转身到正前方,落地半蹲,旁按手(目视1点)。

结尾(两个8拍)

① 第1-4拍　(歌词:少)左迈步,双手依次单臂立圆至左侧,眼随手动。

第 5-8 拍 （歌词：少）右迈步，双手依次单臂立圆至右侧，眼随手动。

② 第 1-8 拍 （歌词：少）身体面向 1 点，右脚向前跳并步接撒花舞姿。2 拍双手举至前平位，眼随手动。2 拍双手举至斜上位，2 拍双手于斜上方 2、8 点打开（目视 1 点斜上方）。

4. 教育意义

本课程引领学生走出教室，感受春天的气息，领略自然的美丽。诗中对春日早晨的描绘结合优美的舞步，激发学生的想象力，绘出一幅生机勃勃的春日景象。

登鹳雀楼

[唐] 王之涣

白日依山尽，黄河入海流。

欲穷千里目，更上一层楼。

1. 训练目的

初步体验踢踏舞的基本步伐和节奏变化，提高学生的节奏意识和腿部控制力。

2. 主要动作及要求

（1）勾踢步 1：（以右为例）体朝 1 点正步位叉腰手，勾脚向 2 点踢出，头随动，脚尖收回，抬膝平脚踩步，右、左、右 3 次回正步位。

（2）勾踢步 2：（以右为例）正步位叉腰手，勾脚向 2 点踢出，头随动，脚尖收回至正步位，右、左、右、左、右，2次慢动作，3次快跺步。

(3) 踢吸腿跺步：(以右为例)体朝8点正步位，双手叉腰，左腿不动，右脚绷脚背朝8点踢出，吸腿收回，左腿不动。

(4) 击掌跺步1：(以右为例)体朝8点正步位叉腰手，左耳侧拍手2次，同时右脚跺步2次，转头向1点。

(5) 击掌跺步2：(以右为例)体朝8点正步位叉腰手，右、左、右、左、右，2次慢动作，3次快跺步，转头向8点。

(6) 双脚开合练习：体朝1点正步位，双手叉腰，双脚同时起跳向两侧打开，双脚起跳并拢正步位。双脚同时起跳，右脚在前，左脚在后，起跳回正步位，反面脚位1次。

(7) 右点步左转身：体朝1点，左手叉腰，右脚旁侧打开同时顶右胯，点步转圈，右手扬掌位，手心朝下挥臂，身体向左经1、7、5、3点四个方向转动，最后回1点。

(8) 碾步后点步：(以右为例)体朝1点正步位屈膝，双手叉腰，正步位左右碾步，头随动，右、左、右转胯部，碾步回正步位，右脚旁侧跳出，左脚向后侧脚尖点地，双脚跳回至正步位。

(9) 交替步前抬脚：双手叉腰，双脚小八字位，右脚起交替跳跃向前行进4次，左脚踢毽式2次。

(10) 交替步后抬脚：双手叉腰，双脚小八字位，左脚起交替跳跃向后行进4次，头部随动，右腿勾脚右侧旁踢2次。

3.组合动作与顺序节奏

音乐：$\frac{2}{4}$

准备位：体朝1点，正步位叉腰手(目视1点)。

前奏（两个8拍+2拍）

① 第1-8拍　准备位。

② 第1-4拍　右脚勾踢步1（目视1点）。

　　第5-8拍　左脚勾踢步1（目视1点）。

　　第9-10拍　（空拍）双手叉腰转向8点。

第一段（十二个8拍）

① 第1-4拍　（歌词：白日依山）体朝8点，右脚踢吸腿跺步（见图2-14）。

图 2-14

　　第5-8拍　（歌词：尽）击掌跺步1（见图2-15）。

图 2-15

② 第1-4拍　（歌词：黄河入海）击掌跺步2。

　　第5-8拍　（歌词：流）击掌跺步1。

③ 第1-8拍　（歌词：欲穷千里目）男女交换位置，重复①第1-8拍动作（见图2-16）。

图 2-16

④ 第 1—8 拍 （歌词：更上一层楼）重复 ② 第 1—8 拍动作。

⑤ 第 1—8 拍 （歌词：欲穷千里目）双脚开合练习。

⑥ 第 1—8 拍 （歌词：更上一层楼）向 4 个方向（1、7、5、3 点）转动，右点步左转身。

⑦ 第 1—8 拍 （歌词：白日依山尽）重复 ① 第 1—8 拍动作，体朝 2 点，做反面动作。

⑧ 第 1—8 拍 （歌词：黄河入海流）重复 ② 第 1—8 拍动作，体朝 2 点，做反面动作。

⑨ 第 1—8 拍 （歌词：欲穷千里目）重复 ① 第 1—8 拍动作，体朝 2 点，做反面动作。

⑩ 第 1—8 拍 （歌词：更上一层楼）重复 ② 第 1—8 拍动作，体朝 2 点，做反面动作。

⑪ 第 1—8 拍 （歌词：欲穷千里目）重复 ⑤ 第 1—8 拍动作。

⑫ 第 1—8 拍 （歌词：更上一层楼）重复 ⑥ 第 1—8 拍动作。

间奏（两个 8 拍）（变速 $\frac{2}{4}$ 节奏）

① 第 1—8 拍　碾步后点步。

② 第 1—8 拍　碾步后点步，做反面动作。

第二段（八个8拍）

① 第1-8拍 （歌词：白日依山尽）右脚勾踢步2（目视1点）。

② 第1-8拍 （歌词：黄河入海流）左脚勾踢步2（目视1点）。

③ 第1-8拍 （歌词：欲穷千里目）重复①第1-8拍动作。

④ 第1-8拍 （歌词：更上一层楼）重复②第1-8拍动作。

⑤ 第1-8拍 （歌词：白日依山尽）交替步前抬脚（目视1点），头随动。

⑥ 第1-8拍 （歌词：黄河入海流）交替步后抬脚（目视1点），头随动。

⑦ 第1-8拍 （歌词：欲穷千里目）重复⑤第1-8拍动作。

⑧ 第1-8拍 （歌词：更上一层楼）重复⑥第1-8拍动作。

间奏（4拍）

第1-4拍 体朝8点，左手叉腰手，眼随手动，右手虎口掌手心朝上，由左至右前平位向2点打开。

第三段（六个8拍）（变速 $\frac{2}{4}$ 节奏）

① 第1-4拍 （歌词：白日依山）体朝8点右脚踢吸腿跺步。
　 第5-8拍 （歌词：尽）击掌跺步1。

② 第1-4拍 （歌词：黄河入海）击掌跺步2。
　 第5-8拍 （歌词：流）击掌跺步1。

③ 第1-8拍 （歌词：欲穷千里目）双脚开合练习。

④ 第1-8拍 （歌词：更上一层楼）向4个方向（1、7、5、3点）转动，右点步左转身。

⑤ 第1-8拍 重复①第1-8拍（歌词：欲穷千里目）体朝2点，做反面动作。

⑥ 第1-8拍　重复②第1-8拍(歌词：更上一层楼)体朝2点，做反面动作。

间奏(两个8拍)(变速 $\frac{2}{4}$ 节奏)
① 第1-8拍　碾步后点步。
② 第1-8拍　碾步后点步，做反面动作。

第四段
重复第二段动作①-⑧。

第五段(六个8拍)
① 第1-4拍　(歌词：白日依山)体朝8点右脚踢吸腿跺步。
　第5-8拍　(歌词：尽)击掌跺步1。
② 第1-4拍　(歌词：黄河入海)击掌跺步2。
　第5-8拍　(歌词：流)击掌跺步1。
③ 第1-8拍　(歌词：欲穷千里目)重复①第1-8拍动作，体朝2点，做反面动作。
④ 第1-8拍　(歌词：更上一层楼)重复②第1-8拍动作，体朝2点，做反面动作。
⑤ 第1-8拍　(歌词：更上一层)双脚开合练习，做反面动作。
⑥ 第1-6拍　(歌词：楼)向4个方向(分别向7、5、3、1点)右点步左转身。

结束
第7-10拍　左侧同伴体朝8点，左手叉腰，右手旁平位摊掌手位(目视2点)。

右侧同伴体朝2点,左手叉腰,右手扬掌(目视8点)(见图2-17)。

图 2-17

4.教育意义

本课程让学生接触、认识不同舞蹈种类,丰富舞蹈语汇的同时,学会欣赏踢踏舞的风格特点,提高舞蹈鉴赏能力。

江 南

[汉]汉乐府

江南可采莲,莲叶何田田。

鱼戏莲叶间;鱼戏莲叶东,

鱼戏莲叶西,鱼戏莲叶南,鱼戏莲叶北。

1.训练目的

这支舞蹈为表演性舞蹈,学习江南民间舞的韵律,展示江南舞蹈柔、秀、美的风格,以增强学生们的舞蹈表现力和想象力,提高审美能力。

2.主要动作及要求

(1)旁按手:双手呈掌形手压腕,放置于身体两侧斜下45度。

（2）摇摆步：旁按手位基础上，胯部带动身体右左摇摆，头随动。

（3）采莲手：大拇指与食指和中指相捏，其余手指放松翘起。手腕由外向里采莲绕腕一圈。

（4）立转：旁按手位，左脚启动上步，右脚并脚同时原地转一圈。

（5）划船舞姿：正步位准备，双脚半蹲，上身前倾45度，双脚右左交替碎步前行，双手紧贴身体右倾头，右手带动提腕向前滑行，左手压腕往后滑行，右倾头。反面动作相同。

（6）单腿跪地划船舞姿：左脚跪地，右脚屈膝踩地，双手划船舞姿。

（7）搭肩立蹲步：面向2点，两人合作。（女）双臂前伸与肩平行，掌形手，手心朝下。（男）双臂前伸，搭于女生双肩上，原地碎步立蹲，右脚启动交替旁勾脚，头随动。反面动作相同。

（8）摇船桨：两人合作，准备位，（女）右脚跪地，左脚屈膝踩地。（男）右脚踏步，左脚在前。双手握空拳于胸前，前后摇船桨，身体随之带动，目视前方，头随动。

（9）蹲跳旁勾步：准备位，正步位屈膝，脚后跟发力，右脚启动，向身体的两侧蹲跳，交替勾脚，先右后左，眼随手动。

（10）两人旋转：准备正步位，右臂互挽同伴，左手旁斜上位，双脚右起吸跳步转圈。

3. 组合动作与顺序节奏

音乐：4/4

准备位：两人体朝1点，正步位（男）左、（女）右正步位旁按手。

前奏（四个8拍）

① 第1—8拍　准备位。

② 第1—8拍　准备位。

③ 第1-8拍　右启动，摇摆步做2次。

④ 第1-8拍　重复③第1-8拍动作。

第一段（十二个8拍）

① 第1-4拍　（歌词：江南可）左手采莲手放于左胯前，手肘架起，右手向8点做采莲手，屈膝、身体前倾，眼随手动。第4拍右手回到胯前位，直膝、身体直立，目视1点（见图2-18）。

图2-18

　　第5-8拍　（歌词：采莲）重复第1-4拍动作，反面动作相同。

② 第1-4拍　（歌词：莲叶何）屈膝身体前倾，右手、左手保持采莲手，从前往身体方向采莲。眼随手动。

　　第5-8拍　（歌词：田田）身体直立直膝，双手右上顺风旗手位采莲手，眼随手动（见图2-19）。

图2-19

③ 第1-8拍　（歌词：鱼戏莲叶间）（男）体朝3点做2次右左划船

舞姿。(女)体朝 7 点做 2 次右左划船舞姿。两人交替穿梭行进。

④ 第 1-8 拍 （歌词：鱼戏莲叶东）重复 ③ 第 1-8 拍动作。

⑤ 第 1-8 拍 （歌词：鱼戏莲叶西）(男)右(女)左重复 ① 第 1-8 拍动作。

⑥ 第 1-8 拍 （歌词：鱼戏莲叶南）(男)右(女)左重复 ② 第 1-8 拍动作。

⑦ 第 1-8 拍 （歌词：鱼戏莲叶北）重复 ③ 第 1-8 拍动作，做反面动作。

⑧ 第 1-8 拍 （歌词：鱼戏莲叶北）重复 ④ 第 1-8 拍动作，做反面动作。

⑨ 第 1-8 拍 （歌词：鱼戏莲叶东）(男)做左膝跪地 2 次划船舞姿动作，(女)向(男)逆时针绕圈做 2 次摇摆步。

⑩ 第 1-8 拍 （歌词：鱼戏莲叶西）重复 ⑨ 第 1-8 拍动作。

⑪ 第 1-8 拍 （歌词：鱼戏莲叶南）面向 2 点(女)前(男)后搭肩立蹲步，右启动，左侧造型（见图 2-20）。

图 2-20

⑫ 第 1-8 拍 （歌词：鱼戏莲叶北）重复 ⑪ 第 1-8 拍动作。

间奏(四个8拍)

① 第1-8拍 （男）左,（女）右,重复第一段①-②动作,加速一倍动作。

② 第1-4拍 双手旁按手,向右立转一圈。

第5-7拍 面朝1点,半蹲身体前倾,双手旁按手位采莲手。第8拍,双手托按掌位采莲。

③ 第1-8拍 重复①第1-8拍动作。

④ 第1-8拍 重复②第1-8拍动作。

第二段

① 第1-8拍 （歌词：江南可采莲）（女）在前右膝单腿跪,左脚踩地。（男）站在斜后方左腿弓箭步,两人同时做摇船桨动作,由前往后,各做2次。

② 第1-8拍 （歌词：莲叶何田田）重复①第1-8拍动作。

③-④

第1-16拍 （歌词：鱼戏莲叶间,鱼戏莲叶东）（女）摇船桨舞姿,（男）摇船桨舞姿围绕女生右转一圈。

⑤ 第1-8拍 （歌词：鱼戏莲叶西）两人体朝8点同时起跳,先右后左蹲跳旁勾步4次。（女）站立,双手兰花指按掌右上左下,（男）在后扶同伴肩部,头随动（见图2-21）。

图 2-21

⑥ 第1-8拍 （歌词：鱼戏莲叶南）重复 ⑤ 第1-8拍动作。

⑦ 第1-8拍 （歌词：鱼戏莲叶北）（女）体朝1点方向，（男）体朝5点方向，同时做2次划船舞姿。

⑧ 第1-8拍 （歌词：鱼戏莲叶北）重复 ⑦ 第1-8拍动作。

⑨ 第1-8拍 （歌词：鱼戏莲叶东）（女）左、（男）右重复第一段 ①-② 第1-8拍动作，加速一倍动作。

⑩ 第1-8拍 （歌词：鱼戏莲叶西）两人体朝1点，双手旁按手，向右立转一圈。半蹲身体前倾，双手旁按手位采莲。第8拍双手按掌位。

⑪ 第1-8拍 （歌词：鱼戏莲叶南）（女）右转身体朝5点，（男）体朝1点，做2次划船舞姿至面对面。

⑫ 第1-8拍 （歌词：鱼戏莲叶北）重复 ⑪ 第1-8拍动作。

⑬ 第1-4拍 （歌词：鱼戏莲叶东）两人面对面，双手由身体后侧到前划立圆至两人搭肩，身体随着手的动作向前下压并半蹲。

第5-8拍 两人互挽对方右手，左手斜上位。

⑭ 第1-8拍 （歌词：鱼戏莲叶西）两人顺时针旋转，位置互换。

⑮ 第1-8拍 （歌词：鱼戏莲叶南）重复 ⑬ 其中第1-4拍动作，第5-8拍动作，反面动作相同。

⑯ 第1-8拍 （歌词：鱼戏莲叶北）重复 ⑭ 第1-8拍，反面动作相同，跳至女前男后位置。

结束

第1-8拍 （女）正步位半蹲，右山膀手位。（男）左弓步站姿，双手托（女）手肘处，探头出去两人对看。

4.教育意义

汉乐府的《江南》给人们展示了一幅江南美景,让人沉醉其间,陶冶情操,美化心灵。同时,诗句提醒人们加强环保意识,保护生态。课程舞蹈通过两人配合的动作,提高学生之间的合作能力,促进同学之间的友谊,增强团队意识。

(三)校园舞蹈(校园集体对舞)

晓 窗

[清]魏 源

少闻鸡声眠,老听鸡声起。

千古万代人,消磨数声里。

1.训练目的

通过不同脚位的步伐变换和丰富的肢体造型,进一步提高学生的模仿、控制和协调能力。

2.主要动作及要求(舞蹈以两人面对面动作为主)

(1)大公鸡手形:顶腕,大拇指指腹与食指相捏,模仿大公鸡形态。

(2)大公鸡舞姿1(两人面对面,女生体朝7点,男生体朝3点):(女生为例)左手前斜上位,大公鸡手形,右手后斜下位,扩指,手背朝1点,昂首、挺胸、抬头。男生动作相同。

(3)大公鸡舞姿2(两人面对面):(女生为例)保持大公鸡舞姿1,昂首、挺胸、抬头,右脚启动,屈膝半蹲做后踢步,手作啄米状,头随手动。

(4)大公鸡摆翅(两人面对面):正步位,屈膝塌腰,上身前倾,双手后斜下位，胯部左右摆动，头随胯动。

（5）旁移抬腿步（两人面对面）：（女生为例）大八字位屈膝，双手旁按手，右脚启动，左右横移时，步伐为三步一抬（右、左、右），身体摆动，交替耸肩。男生反面动作。

（6）斗鸡舞姿（两人面对面）：前进平脚碎踏步，屈膝，上身前倾45度半蹲，双手后斜下位扩指，眼视前斜下方，快速摇头。后退平脚碎踏步，屈膝塌腰，旁按手，抬头挺胸半蹲。

（7）两人模仿公鸡：（女生体朝7点，男生体朝3点，女生为例）①右手掌形手体前位，左手斜下位牵手。②右脚前踩1步、后踏步1次，共计2次，身体前后随动。③原地右脚启动，交替踏步（右、左、右），右旁勾脚，左腿屈膝，头随动。男生反面动作相同。

3. 组合动作与顺序节奏

音乐：$\frac{4}{4}$

准备位：舞台两侧（女）3点、（男）7点大公鸡舞姿1，面对面平脚碎步向中间靠拢，屈膝塌腰，前倾半蹲，双手后斜下位扩指，手心朝内，眼视前方。

前奏（三个8拍）

① 第1-4拍　（两人面对面）大公鸡摆翅，外侧胯启动，2次慢动作2拍1次，头随动。

　　第5-8拍　大公鸡摆翅，外侧胯启动，3次快动作，头随动。

② 第1-8拍　重复①第1-8拍动作，反面动作相同。

③ 第1-4拍　重复①第1-4拍动作。

　　第5-8拍　大公鸡舞姿1（见图2-22）。

图 2-22

第一段（八个 8 拍）

① 第 1-8 拍　（歌词：少闻鸡声眠）（两人面对面）大公鸡舞姿 2，2 次慢动作、3 次快动作快前行，头随动。

② 第 1-8 拍　（歌词：老听鸡声起）重复①第 1-8 拍动作。

③ 第 1-8 拍　（歌词：千古万代人）（两人面对面，女生为例）右脚启动，向 1 点侧身旁移抬腿步，2 拍 1 次（右、左、右）吸左脚，左脚启动（左、右、左），向 5 点侧身旁移抬腿步，吸右脚，头随动。男生反面动作相同。

④ 第 1-8 拍　（歌词：消磨数声里）重复③第 1-8 拍动作。

⑤ 第 1-8 拍　（歌词：少闻鸡声眠）重复①第 1-8 拍动作。

⑥ 第 1-8 拍　（歌词：老听鸡声起）重复①第 1-8 拍动作。

⑦ 第 1-8 拍　（歌词：千古万代人）重复③第 1-8 拍动作。

⑧ 第 1-8 拍　（歌词：消磨数声里）重复③第 1-8 拍动作。

间奏（五个 8 拍）

① 第 1-4 拍　斗鸡舞姿，（两人面对面）前进平脚碎步。
　　第 5-8 拍　斗鸡舞姿，后退平脚碎步。

② 第 1-4 拍　斗鸡舞姿，（两人面对面）前进平脚碎步。
　　第 5-8 拍　斗鸡舞姿，后退平脚碎步。
　　第 9-12 拍　斗鸡舞姿，（两人面对面）前进平脚碎步。

③ 第1-4拍　（女）斗鸡舞姿，平脚碎步，顺时针方向绕圈到7点，（男）顺时针方向绕圈到3点，行进对看。

第5-8拍　侧身对看时，点头3次。

④ 第1-4拍　（女）7点右绕圈回到3点，（男）3点右绕圈回到7点。

第5-8拍　侧身对看时，点头3次。

⑤ 第1-4拍　斗鸡舞姿：两人面对面，女生体朝3点、男生体朝7点，前进平脚碎步。

第5-8拍　（女）右、（男）左，两人装扮成公鸡状。

第二段（十个8拍）

① 第1-8拍　（歌词：少闻鸡声眠）两人模仿公鸡第1、2组合动作，身体随动。

② 第1-8拍　（歌词：老听鸡声起）两人模仿公鸡第1、3组合动作，目视1点（见图2-23）。

图2-23

③ 第1-8拍　（歌词：千古万代人）重复①第1-8拍动作。

④ 第1-8拍　（歌词：消磨数声里）重复②第1-8拍动作。

⑤ 第1-8拍　（歌词：少闻鸡声眠）旁移抬腿步组合。

⑥ 第1-8拍　（歌词：老听鸡声起）重复⑤第1-8拍动作。

⑦ 第1-8拍　（歌词：千古万代人）重复①第1-8拍动作。

⑧ 第1-8拍　（歌词：消磨数声里）重复②第1-8拍动作。

⑨ 第1-4拍　两人面对面,(女)3点、(男)7点,斗鸡舞姿后退平脚碎步。

　　第5-8拍　斗鸡舞姿前进平脚碎步。

⑩ 第1-4拍　斗鸡舞姿后退平脚碎步。

　　第5-8拍　斗鸡舞姿前进平脚碎步。

结束(9拍)

① 第1-4拍　大公鸡舞姿(女朝3点、男朝7点),两人面对面,互换位置顺时针对转一圈。

　　第5-8拍　原地自转1圈,体朝2点。

　　第9拍　　二人体朝2点,(男)做大公鸡舞姿1,(女)站斜后方做公鸡摆翅(见图2-24)。

图 2-24

4. 教育意义

本课程通过有趣、夸张的公鸡形象引导学生早睡早起,养成良好的作息习惯,闻鸡起舞,培养自强不息的精神品质。舞蹈表达出同学团结友爱、友好合作的喜悦之情。

村 居

[清]高 鼎

草长莺飞二月天，拂堤杨柳醉春烟。

儿童散学归来早，忙趁东风放纸鸢。

1. 训练目的

提高学生的跳跃能力，掌握多种步伐与肢体动作变换，以此提高学生身体的灵活性、柔韧性和协调性。

2. 主要动作及要求（舞蹈以两人面对面动作为主）

(1) 吸跳挥手步：右脚启动，吸腿至左腿膝盖窝内侧，双脚交替进行吸跳步，左手抬肘至背书包手位。右臂招手，手心朝前，头随动，左右摆头，右启动。

(2) 旁碎步风摆柳：脚下碎步旁移，右蹲左脚前点步，双手兰花手形，手心相对，正上位右左摆臂。反面动作相同。

(3) 拉手舞步（两人）：两人3、7点方向面对面站，右臂伸直拉手，左手做前后摆臂，身体与头部随动，做起伏状。左脚前后做交替点地，右脚随动原地踏步。

(4) 拉手碾转：（女生为例）两人右手向上拉起，左手胸前位按掌，脚下向右碾转一圈。

(5) 风筝舞姿1（两人）：①（女）双手旁平位，脚下1、5点前后旁移步，屈膝蹲，双臂展开，于旁斜上位做风筝飞翔状头随动。②（男）左臂屈肘做拽线，右臂伸直拉线，脚下1、5点左右旁移弓步，做放风筝状，头随动。

(6) 风筝舞姿2（两人）：①（女）原地双手正上位直臂，兰花手形，手心朝外,向右立转一圈至2点双腿屈膝蹲,落下至旁平位掌形手,身体前倾,右倾头,眼视1点。②(男)2点上步,双手扶于右侧人腰间,身体前倾,右倾头,目视1点。

(7)风筝舞姿3(两人抱腰合作大风筝高低转):(男)左手对抱腰,站直,右臂旁斜上位,手心朝下,(女)正步位蹲,左手对抱腰,右臂旁斜下位,右倾头,两人交替起伏转圈状。

(8)戏水舞姿1:体朝8点双吸腿坐,手臂伸直,掌形手放于身体2、6点斜后方。右腿起,右、左勾脚交替向上蹬腿,2次慢动作、3次快动作,头随动。

(9)戏水舞姿2:体朝8点双吸腿坐,手臂伸直,掌形手放于身体2、6点斜后方,双腿并拢勾脚抬起,右、左、勾脚交替摆脚,2次慢动作、3次快动作,头随动。

(10)戏水舞姿3:体朝8点双吸腿坐,手臂伸直,掌形手放于身体2、6点斜后方,双腿勾脚抬起,右、左、右做上下快速交替,头部随动。

(11)泼水舞姿:双手由下往上做泼水。

(12)挡水舞姿:一手旁平位立掌,一手胸前位立掌,做挡水状。

3.组合动作与顺序节奏

音乐:$\frac{2}{4}$

散板笛子鸟鸣做以下动作。

准备位:男生站在6点,低头背书包舞姿向场中跑到7点,抬头左右瞭望,由左至右双手虎口掌嘴前呐喊,右手正上位摆手打招呼。女生站在3点上场,两人相对,双臂正上位扩指摆手打招呼。

前奏(两个8拍)

① 第1-4拍　男生朝2点行进至正中区,女生朝7点行进至正中区,向1点侧身旁移做风筝舞姿1。

第5-8拍　两人向5点侧身旁移,做风筝舞姿1。

② 第1-4拍　两人向1点侧身旁移,做风筝舞姿1。

第5-8拍　两人体侧左手抱腰,右手旁平位,眼相视对转一圈到1点(女)右、(男)左。

第一段(八个8拍)

① 第1-4拍　(歌词:草长莺飞二月天)吸跳挥手步(见图2-25)。

图2-25

第5-8拍　(歌词:拂堤杨柳醉春烟)右起旁碎步风摆柳。

② 第1-8拍　(歌词:儿童散学归来早,忙趁东风)重复①第1-8拍动作。

第9-12拍　(歌词:放纸鸢)风筝舞姿2(见图2-26)。

图2-26

③ 第1-8拍 （歌词：草长莺飞二月天，拂堤杨柳醉春烟）拉手舞步（两人）（女）右、（男）左。

④ 第1-4拍 （歌词：儿童散学归来早）拉手舞步（两人）（女）右、（男）左。

第5-6拍 （歌词：早）（女）拉手碾转。

第7-8拍 （歌词：忙趁东风放）拉手舞步（两人）。

第9-12拍 （歌词：纸鸢）（男）拉手碾转。

⑤ 第1-4拍 正步位，男生体朝3点，女生体朝7点，面对面站，双手掌形手相贴，屈膝半蹲，眼视手方向，由上至两侧打开。

第5-6拍 风筝舞姿3（男）高、（女）低。

第7-8拍 风筝舞姿3（女）高、（男）低。

⑥ 第1-4拍 风筝舞姿3（男）高、（女）低，交替高低对转。

第5-8拍 风筝舞姿3，两人转一圈回1点正前方（女）右、（男）左。

⑦ 第1-8拍 （歌词：草长莺飞二月天，拂堤杨柳醉春烟）重复①第1-8拍动作。

⑧ 第1-8拍 （歌词：儿童散学归来早，忙趁东风放纸鸢）重复②第1-8拍动作。

间奏（两个8拍）

① 第1-8拍 风筝舞姿1，（女）前、（男）后向右绕场半圈。

② 第1-4拍 风筝舞姿1至舞台4点。

第5-8拍 （男）右、（女）左，体朝2点双吸腿坐下。

第二段（八个8拍）

① 第1-8拍 （歌词：草长莺飞二月天，拂堤杨柳醉春烟）戏水舞姿
1，2次慢动作、3次快动作（见图2-27）。

图2-27

② 第1-8拍 （歌词：儿童散学归来早，忙趁东风放）戏水舞姿2，
2次慢动作、3次快动作。

第9-12拍 （歌词：纸鸢）戏水舞姿3。

③ 第1-8拍 （歌词：草长莺飞二月天，拂堤杨柳醉春烟）重复①
第1-8拍动作。

④ 第1-8拍 （歌词：儿童散学归来早，忙趁东风放纸鸢）重复②
第1-8拍动作。

⑤ 第1-4拍 （男）左脚起身挡水舞姿，（女）燕式坐泼水舞姿2次。

第5-8拍 （男）泼水舞姿2次，（女）左脚起身挡水舞姿。

⑥ 第1-8拍 逆时针两人交替做泼水舞姿、挡水舞姿各一次，对转
回1点正前方（女）右、（男）左。

⑦ 第1-8拍 （歌词：草长莺飞二月天，拂堤杨柳醉春烟）重复第一
段①第1-8拍动作。

⑧ 第1-8拍 （歌词：儿童散学归来早，忙趁东风）重复第一段②
第1-8拍动作。

结束（5拍）

① 第1-4拍　（歌词：放纸鸢）风筝舞姿2。

　第5拍　　（女）前、（男）后放风筝造型（见图2-28）。

图2-28

4.教育意义

本课程通过《村居》让孩子们了解农村欣欣向荣的景象，以舞蹈展示孩子们放学归来戏水打闹、忙放风筝的乐趣无边场景，表现童心童趣。

第三章 《中华诗音舞》课程·中学

一、中学课程简介

中学是学生古诗词进阶学习的阶段。在学习坐姿舞、拉手舞、双人舞、集体舞、健身舞及小型歌舞剧的基础上，课程中增加了民族民间舞、古典舞、武术舞蹈的内容。教学任务围绕"多舞种体验与舞段创编"展开，旨在引导学生体验多种舞蹈风格，积累舞蹈动作语汇，体会舞蹈对客观世界的再现，感受舞蹈对主观世界的关怀。创编课程内容循序渐进，从启蒙到即兴表演，涉及多人合作学习、多环节设计（如舞蹈选材、舞蹈构思、舞蹈语汇、队形变化）等，将提高学生对舞蹈创编的感性和理性认识，提升舞蹈表演、欣赏、创新能力。

（一）表现能力

课程注重舞蹈艺术的律动教育与身体素质的教育，提高学生的身体素质。学生在学习课间律动（坐姿舞）、操场舞动（晨操健身舞）、校园舞蹈（校园集体对舞）时，将沉浸在古诗朗诵与欢快动听的音乐声中，学习古典舞的气息，了解民族民间舞的风格，掌握踢踏舞不同的节奏律动和变化，从武术舞蹈中汲取中华武术精神，身临其境地感受舞蹈的美感和艺术的魅力。学生在学习舞蹈动作的同时，加强身体的协调性、柔韧性、灵活性，培养舞蹈兴趣爱好，增强表演能力，提升对美的追求，从而形成艺术课程和文化课程相结合的良性循环。通过课程，将巩固中国传统文化知识，让课堂形式也变得更加丰富、美好、生动、有益。

（二）欣赏能力

课程强调舞蹈艺术的审美教育与思维逻辑教育，开发课程的教育功能，借古喻今。中学生对小型歌舞剧的表演形式了解不多，但他们求知欲强，好奇心大，积极性高，故建议教师通过多媒体授课，以视听结合的方式营造古诗词音乐氛围，帮助他们走进小型歌舞剧课堂，满足其求知欲、情感认知以及知识需求。小型歌舞剧实践活动可以让学生在《游子吟》中体会中华民族的孝道，在《渭城曲》中领悟友情真情的重要，在《静夜思》中感受游子远行千里，对故乡的思念之情。通过小型歌舞剧的欣赏学习，学生不仅可以了解歌舞剧的艺术形式，感受歌舞剧带来的艺术魅力，学会阐述古诗词的时代背景、分析剧情、揣摩人物的内心、塑造角色形象，以及调度舞台队形，实现对歌舞剧表演形式的初步认知到深刻理解的飞跃式提升。本课程将古诗词的文化精髓渗透于"歌舞表演"的现代艺术教育之中，使之更好地为中华民族文化传承、创新、发展服务。

（三）融合、创造能力

课程专注舞蹈创编知识的启蒙教育与学生创新能力培养教育，提高学生舞蹈创新、创编能力。通过有情境、有主题的学习活动，激发学生的身体反应能力与表达欲望，引导他们运用舞蹈语言较完整地表现对生活中的人物、事物和情感的认知与理解。学生可以运用所学舞蹈知识和其他艺术学科知识相结合，捕捉生活或自然界中的形象，有想象力地进行身体表达，表现不同的情绪、情感。本课程亦鼓励学生创编主题鲜明、结构清晰的舞蹈小品，在运用身体做动作的同时，扩展学生对空间、调度等方面的理解和应用。并支持学生能在规定的主题中，独立或与他人合作进行即兴舞蹈创作、舞蹈小品的脚本设计，完成编排和展示。希望学生能运用舞蹈语言进行艺术表现，将舞蹈与自然、生活、社会等紧密联系，结合所学舞蹈动作与表现形式，探索、尝试新的舞蹈动作与表现形式。

二、课程设置

(一)课间律动(坐姿舞)

利用课间十分钟,学习坐姿舞。以下为课间律动教学目标:

1. 在欢快的节奏律动中,用当代舞蹈语汇进行头部运动、肩部运动、手指运动、上肢运动、眼保健操等,让学生放松大脑,缓解紧张情绪,愉悦心情。
2. 学习江南素材的民间舞,了解水乡文化的舞蹈韵律,熟悉江南素材民间舞的历史背景和舞蹈风格。
3. 学习中国古典舞提、沉、冲、靠、含、仰、移的元素及气息的运用。

推荐下列古诗为课间律动内容。

明日歌③

[明]钱鹤滩

明日复明日,明日何其多。

我生待明日,万事成蹉跎。

饮湖上初晴后雨④

[宋]苏　轼

水光潋滟晴方好,山色空蒙雨亦奇。

欲把西湖比西子,淡妆浓抹总相宜。

---

③《明日歌》中学版坐姿舞,当代舞。
④ 江南素材民间舞。

相 思⑤

[唐]王 维

红豆生南国,春来发几枝。

愿君多采撷,此物最相思。

(二)操场舞动(晨操健身舞)

利用晨操和大课间活动,让学生走出教室拥抱大自然,学习古典舞元素,掌握气息的运用。晨操健身舞以踢踏舞欢快的步伐,展示学生青春的朝气,其中不乏武术元素,培养学生自强不息、吃苦耐劳的精神。

推荐下列古诗为晨操健身舞内容。

出 塞⑥

[唐]王昌龄

秦时明月汉时关,万里长征人未还。

但使龙城飞将在,不教胡马度阴山。

登鹳雀楼⑦

[唐]王之涣

白日依山尽,黄河入海流。

欲穷千里目,更上一层楼。

---

⑤ 古典舞。
⑥ 古典舞。
⑦ 踢踏舞。

一字诗[8]

[清]陈 沆

一帆一桨一渔舟,一个渔翁一钓钩。

一俯一仰一场笑,一江明月一江秋。

(三)校园舞蹈(校园集体对舞)

通过学习民族舞蹈,了解民族民间舞的特点和律动,掌握民族民间舞的风格。校园舞蹈需要两人之间的默契配合,以增进友谊,体现同学之间的团结友爱,展现中学生的热情洋溢与朝气蓬勃。

推荐下列古诗为校园舞蹈内容。

寻胡隐君[9]

[明]高 启

渡水复渡水,看花还看花。

春风江上路,不觉到君家。

长歌行(节选)[10]

[汉]汉乐府

百川东到海,何时复西归?

少壮不努力,老大徒伤悲。

---

[8] 武术舞蹈。

[9] 江南素材民间舞。

[10] 蒙古族舞蹈。

(四)歌舞表演(小型歌舞剧)

小型歌舞剧是由音乐、舞蹈、戏剧、朗诵、舞台美术(灯光、服装、道具、化妆)等内容组成的综合的表演艺术形式,需任课舞蹈教师自行创作完成。

推荐下列古诗为歌舞表演内容。

游子吟
[唐]孟 郊

慈母手中线,游子身上衣。
临行密密缝,意恐迟迟归。
谁言寸草心,报得三春晖。

静夜思
[唐]李 白

床前明月光,疑是地上霜。
举头望明月,低头思故乡。

渭城曲
[唐]王 维

渭城朝雨浥轻尘,客舍青青柳色新。
劝君更尽一杯酒,西出阳关无故人。

(五)社团舞蹈(综合性表演)

本课程中的社团舞蹈是指在教师精心挑选古诗内容的基础上,所创作的音乐和舞蹈相结合的原创作品,其创作主题好、立意高,适合学生学习、展演。

推荐下列古诗为社团舞蹈内容。

梅 花

[宋]王安石

墙角数枝梅,凌寒独自开。

遥知不是雪,为有暗香来。

游子吟

[唐]孟 郊

慈母手中线,游子身上衣。

临行密密缝,意恐迟迟归。

谁言寸草心,报得三春晖。

木兰诗(选段)

[南北朝]乐府诗集·佚名

唧唧复唧唧,木兰当户织。

不闻机杼声,唯闻女叹息。

昨夜见军帖,可汗大点兵。

愿为市鞍马,从此替爷征。

旦辞爷娘去,暮宿黄河边。

不闻爷娘唤女声,但闻黄河流水鸣溅溅。

万里赴戎机,关山度若飞。

朔气传金柝,寒光照铁衣。

将军百战死,壮士十年归。

（六）创编舞蹈（创编课程）

精挑古诗素材创设环境，渲染意境，引导学生在特定的时空中即兴发挥，创新表演。由教师引导、带领学生根据古诗内容、情境学习现代交响编舞技法的知识，以及即兴表演，创编舞句、舞段、舞蹈等。

三、课程目标

在中学阶段，学生在认识身体的基础上，展示多舞种的舞蹈语汇，能与他人合作完成队列变化和造型配合；在音乐旋律的启发下，学生学会表达自己的情绪与情感，培养良好的团队合作意识与坚韧的品格；学生学会观察事物、分析人物的形象，捕捉舞蹈形象；在舞蹈实践中，学生参与小组合作，学会用时间、空间、力度的构成与队形的流动，创编舞蹈组合，创作舞蹈小品片段，并借助多种媒介、艺术语言表述创意，进行展示表演。

6—9年级课程目标：在完成前面课程——课间律动、操场舞动、校园舞蹈、社团舞蹈及歌舞表演的基础上，更加强调创编舞蹈。学生应学习完成古诗词作品的欣赏与体验，以及不同风格的舞蹈表演，注重舞蹈小品的创编。教师应提高学生的感受能力、欣赏能力、创编能力，最终使他们的表演、欣赏、创造能力得到综合提升，并完成舞蹈艺术的美育教育和思想道德的教育。

四、教学课时安排

课程名称	课程内容	课时安排（每班）
课间律动 （坐姿舞） （课间十分钟）	《明日歌》	3
	《饮湖上初晴后雨》	3
	《相　思》	3

（续表）

课程名称	课程内容	课时安排（每班）
操场舞动 （晨操健身舞）	《出　塞》	8
	《登鹳雀楼》	8
	《一字诗》	8
校园舞蹈 （校园集体对舞）	《寻胡隐君》	8
	《长歌行》	8
歌舞表演 （小型歌舞剧）	《游子吟》	32（原创）
	《静夜思》	32（原创）
	《渭城曲》	32（原创）
社团舞蹈 （综合性表演）	《梅　花》	32（原创）
	《游子吟》	32（原创）
	《木兰诗》（选段）	32（原创）
创编舞蹈 （创造性）	精心挑选古诗词为创作素材，创设环境，渲染意境，引导学生在特定的时空中，即兴发挥，创新表演。	长　期

五、教学步骤

（一）课间律动（坐姿舞）

明日歌（中学版）

［明］钱鹤滩

明日复明日，明日何其多。

我生待明日，万事成蹉跎。

1. 训练目的

运用当代舞蹈风格，加强上肢的节奏与方位练习，注重手臂训练，强调手眼配合，以及上肢的协调。

2. 主要动作及要求

(1) 身体前倾舞姿：（以右为例）体朝1点，双手与肩同宽，指尖朝前，小臂放于桌面，身体向2、8点探出，眼随身动。

(2) 头部旋转练习：（以右为例）头部由1点向右环绕一圈，回到正面抬起（反面动作相同）。

(3) 波浪手：掌形手，左手指叠放于右手指上，右手启动提压手腕，在正前方交替形成90度波浪2次。再绕头左至右一圈，最后停留至右颊旁。

(4) 手臂活动：（以右为例）左臂垂放于左腿旁，自然垂下。① 右手掌形放于左肩，右转头，目视右肩斜下方。② 抬右手肘，右手心朝前，位于额前，目视1点。③ 右手肘保持不动，右手指尖向下屈臂90度，手背朝前，低头。④ 右手肘返回向上，手心朝前，抬头目视1点。

(5) 手臂运动1：（以右为例）左臂在下、右臂在上相叠端放于桌面，右手腕上提、左手腕下压（双手指尖保持与手臂相连），后双手上下交替至左手腕上提、右手腕下压，手型不变，左手向旁横移，与右手相互竖叠。

(6) 手臂运动2：在手臂运动1结束动作的基础上，① 双手肘放于桌面，双手折腕顶起，下巴放于指背上。② 双手直腕掌形手，手心相对直落于桌面，低头。③ 双手收回至左臂在下、右臂在上，抬头正坐，眼看正前方。

(7) 思考：（以右为例）① 右手掌形手，掌根发力推于左斜上位，转头目视右斜下方。②左手做反面形成双臂交叉。③双手相叠，左上右下，贴耳直臂，手心朝下折手腕，低头眼视下方。④双臂落于体侧按掌，抬头挺胸，目视上方。

（8）交替耸肩：掌形手，双臂垂放于体侧，右肩启动，带动手臂做上提下压的肩部上下运动（反面动作相同）。

（9）绕肩：双肩带动双臂由前至后环动，反面由后至前环动。

（10）交叉手形：①双手手心朝外，掌形手，小臂交叉于胸前，左手在外、右手在内。②双手打开至旁平位，双手屈肘90度，指尖朝上，手心朝前。③手肘不动，指尖带动手肘向下垂直，手背朝前，眼随手动。④恢复到双手屈肘90度，指尖朝上，手心朝前。

（11）绕臂击拍练习（两人配合）：（以右为例）①双手握拳屈肘，小臂由里至外绕圈，双手与肩同宽，放于桌面，拍桌2次。②双手握拳直腕，手臂由里至外绕圈，双手掌形手于左耳侧拍手2次，两人对视，左侧同伴反面动作相同。

（12）自由泳舞姿：（以右为例）左手屈肘折臂，横放于桌面上，掌形手右臂伸直，由后至前立圆屈肘，小臂放于桌面，指尖朝前，右臂向前伸直，身体贴于桌面，向左转头交流，上身坐起，右手拳形手托脸颊，反面重复。

3. 组合动作与顺序节奏

音乐：$\frac{2}{4}$

准备位：面向1点，双手放于桌面上。

前奏（五个8拍+4拍）

① 第1-4拍 （歌词：明日复明日）2拍向2点身体前倾舞姿，2拍回正（目视1点）。

第5-8拍 （歌词：明日何其多）2拍向8点身体前倾舞姿，低头、抬头回正（目视1点）。

② 第1-4拍 （歌词：我生待明日）头部由右至左转动练习。

第5-8拍 （歌词：万事成蹉跎）准备位置。

③ 第1-8拍 （歌词：明日复明日，明日何其多）重复①第1-8拍动作，反面动作相同。

④ 第1-8拍 （歌词：我生待明日，万事成蹉跎）重复②第1-8拍动作，头部由左至右转动。

第9-12拍 低头吐气，双臂落下垂放于体侧，抬头目视1点。

⑤ 第1-8拍 波浪手。

第一段（六个8拍）

① 第1-8拍 右手手臂活动，重复1次（见图3-1）。

图3-1

② 第1-8拍 左手手臂活动，重复1次。

③ 第1-8拍 手臂运动1，右手启动。

④ 第1-8拍 手臂运动2。

⑤ 第1-8拍 反面重复④第1-8拍动作，手臂运动1，左手启动。

⑥ 第1-8拍　重复⑤第1-8拍动作，手臂运动2。

间奏（4拍）

第1-4拍　低头吐气，双臂落下垂放于体侧，抬头（目视1点）。

第二段（十二个8拍）

① 第1-8拍　右起思考。
② 第1-8拍　重复①第1-8拍，左起思考。
③ 第1-8拍　交替耸肩，2次慢动作、3次快动作，最后1拍肩部回正（目视1点）。
④ 第1-8拍　绕肩（目视1点）。
⑤ 第1-4拍　交叉手形，1拍1个动作（见图3-2）。

图3-2

　　第5-8拍　重复交叉手形。
⑥ 第1-8拍　重复⑤第1-8拍动作。
⑦ 第1-8拍　（两人配合）以右为例，两人对做，绕臂击拍练习（2拍绕臂，2拍击拍）。
⑧ 第1-8拍　重复⑦第1-8拍动作。
⑨ 第1-8拍　（两人配合）以右为例，自由泳舞姿，两人做镜面动作（见图3-3、图3-4）。

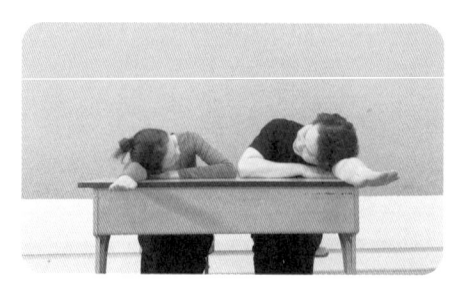

图 3-3

图 3-4

⑩ 第 1-8 拍　重复 ⑨ 第 1-8 拍动作。

⑪ 第 1-8 拍　重复第一段 ② 第 1-8 拍动作，右手手臂启动。

⑫ 第 1-8 拍　重复第一段 ③ 第 1-8 拍动作，左手手臂启动。

间奏（一个 8 拍）

① 第 1-4 拍　低头吐气双臂落下垂放于体侧，抬头（目视 1 点）。

第 5-8 拍　双手指尖朝前与肩同宽放于桌面上。

第三段

重复前奏 ①-④。

① 第 1-4 拍　（歌词：明日复明日）向右身体前倾舞姿。

第 5-8 拍　（歌词：明日何其多）向左身体前倾舞姿。

② 第 1-4 拍　（歌词：我生待明日）头部向右旋转练习，低头、抬头。

第 5-8 拍　（歌词：万事成蹉跎）准备位置。

③ 第1-8拍 （歌词：明日复明日，明日何其多）重复① 第1-8拍动作。

④ 第1-4拍 （歌词：我生待明日）左边头部旋转。

第5-6拍 （歌词：万事成蹉跎）双臂贴耳举起，手心朝前阔指，目视手方向。

结束

第7-8拍 双手指尖朝前，与肩同宽放于桌面上（目视1点）。

4. 教育意义

本课程通过舞蹈与古诗词结合的形式，教导学生感受一寸光阴一寸金，寸金难买寸光阴；一日之计在于晨，一年之计在于春；时间一去不复返，珍惜时光莫错失。

饮湖上初晴后雨

[宋] 苏 轼

水光潋滟晴方好，山色空蒙雨亦奇。
欲把西湖比西子，淡妆浓抹总相宜。

1. 训练目的

运用江南素材民间舞，形象地模拟西湖的水、淅淅沥沥的雨丝、绽放的荷花、摇曳的柳树。结合古典舞身韵的律动，强化气息与动作的连接，以及胸腰的练习。

2.主要动作及要求

(1)内轮指：五指张开，小拇指起依次合拢，往身体的方向作内旋状。

(2)外轮指：与内轮指同理相反方向，五指由握拳状，由小拇指依次打开。

(3)双手轮指：双手同时于胸前做内、外轮指。注意双手内轮指需要经过双手交叉状再打开。

(4)雨丝手势：双肘在耳侧架起，双手放置额前斜上方，手心朝内、手指向下抖手指做雨丝状，前后轻轻摆动。

(5)双手交替波浪：双臂在身体正前方，由手肘带动手腕依次向上正位延伸至手指尖，做上下交替摆动，左右倾头。

(6)花苞手1：除大拇指外，双手胸前握拳合十。

(7)花苞手2：在双手合十的基础上，指根末端凸起，指尖相对。

(8)含苞欲放舞姿：双手握拳贴合，指节依次向上延伸到合掌，最后1拍五指作花朵开花状，眼随手动。

(9)柳树舞姿：(以右侧为例)身体保持面对1点，双臂伸至头顶上方，指尖朝2点，由手肘带动手腕，小臂小幅度上下起伏似柳枝摇曳。

(10)云手：右手、左手在身前依次上、下"8"字腕平圆运动，起手时略含胸，身体随手旁提，左手送出后，肩胸展开，当手划到后半部时，身体随之收回。

(11)单指手眼练习：空心拳食指伸出，无名指与小指微翘，分别向2点斜上和8点斜上，低头含胸，向1点推出，眼随手动。

(12)柳树生长舞姿：手呈兰花指，从身体正前方，右臂、左臂，左右手交替直线向上伸至头顶，眼随手动。

(13)随风飘动舞姿：双手伸直从头顶左右摆动，由上往下缓缓落下，眼随手动。

3.组合动作与顺序节奏

音乐：4/4

前奏（三个8拍）

① 第1-8拍　书桌舞姿，左手在下、右手在上，体朝1点。

② 第1-4拍　右手向内轮指，先吸后吐气，含胸，身体随动。
　　第5-8拍　右手向外轮指，吸气挺胸，身体回正直立。

③ 第1-4拍　左手向内轮指，先吸后吐气，含胸，身体随动。
　　第5-8拍　左手向外轮指，吸气挺胸，身体回正直立。

第一段：（八个8拍）

④ 第1-8拍　（歌词：水光潋滟晴方好）4拍双手交叉向内轮指，吐气含胸，身体头部随动低头。4拍双手打开向外轮指，吸气展胸，身体头部随动抬头。

⑤ 第1-8拍　（歌词：山色空蒙雨亦奇）重复①第1-8拍动作。

⑥ 第1-8拍　（歌词：欲把西湖比西子）雨丝手，目视1点（见图3-5）。

图3-5

⑦ 第1-8拍　（歌词：淡妆浓抹总相宜）右手上、左手下，双手交替波浪，2次慢动作、3次快动作，第8拍右手落下，眼随手动。

⑧ 第1-8拍 （歌词：水光潋滟晴方好）由花苞手1准备至含苞欲放舞姿，2拍1次，第8拍五指作花朵开花状，掌根保持贴合，眼随手动（见图3-6）。

图 3-6

⑨ 第1-8拍 （歌词：山色空蒙雨亦奇）重复⑤第1-8拍动作。

⑩ 第1-8拍 （歌词：欲把西湖比西子）花苞手2动作，由胸前、眼前、头顶、正上位依次上举，最高处双手五指作花朵开花状，2拍1次，头随手动。

⑪ 第1-8拍 （歌词：淡妆浓抹总相宜）由正上位最高双手五指作花朵开花状变双手合十，低头吸气，含胸，身体随动拉回至额头斜上方，吐气挺胸，双手两侧打开，手心朝下落下。

间奏（儿童读诗，无节拍动作随诗句动）

（歌词：水光潋滟）右手启动，胸前位小五花（目视1点）。

（歌词：晴方好）左手胸前位按掌，右手腕带动手臂伸直至2点摊掌，目视右手方向。

（歌词：山色空蒙）云手。

（歌词：雨亦奇）云手连接左手按至右手臂弯处，右臂推腕至8点斜上方，身体拧向8点，目视右手。

（歌词：欲把西湖）左手胸前位按掌，右手单指至2点，身体微微左靠，眼随手动，1拍到位。

（歌词：比西子）1.右手单指8点。2.低头含胸，手指收回胸前。3.手指1点停住，向前推出，眼随手动，一个字一个动作。

（歌词：淡妆浓抹）右手启动小五花。

（歌词：总相宜）小五花停在左胸前位，目视2点斜下方，身体微微向左旁靠。

第二段

重复第一段动作①-⑧。

第三段（四个8拍）

① 第1-8拍　（歌词：水光潋滟晴方好）目视正前方，先右后左手经过下穿手至正上位，兰花手微微折腕，指尖朝3点，4拍1次。

② 第1-8拍　（歌词：山色空蒙雨亦奇）双臂正上位兰花手，手微微折腕，指尖朝3点，身体做上下起伏2次，头随动（见图3-7）。

图3-7

③ 第 1-8 拍 （歌词：欲把西湖比西子）右手立掌，胸前位左右手开始交替 6 次做柳树生长舞姿，2 次慢动作、4 次快动作至正上位，眼随手动。

④ 第 1-8 拍 （歌词：淡妆浓抹总相宜）双手正上位，右边启动做随风飘动舞姿，2 次慢动作、3 次快动作逐渐飘落下来，目视 1 点，含胸低头。

结束（两个 8 拍 +4 拍）

① 第 1-8 拍 （歌词：淡妆浓抹总相）4 拍双手交叉向内轮指，吐气含胸，身体头部随动，低头。4 拍双手打开向外轮指，吸气展胸，身体头部随动抬头。

② 第 1-8 拍 （歌词：宜）重复 ① 第 1-8 拍动作。

第 9-12 拍 小五花收至左胸前位，转头（目视 2 点）。

4. 教育意义

运用人体的上肢动作练习展现西湖的自然景象，呈现出一幅宁静、美好的画面，以此提升学生对舞蹈的审美能力，增强对大自然的热爱。

相 思

[唐] 王 维

红豆生南国，春来发几枝。

愿君多采撷，此物最相思。

1. 训练目的

训练古典舞身韵的动律元素，尤其是提、沉、冲、靠、含、腆、移、拧、旁提的呼吸练习，强化气息连接，强调手位动作与眼神的配合。

2. 主要动作及要求

（1）兰花手形：大拇指与中指第二节相贴，指根下压，食指至小指逐一伸直错开，中指突出，小指微翘，呈兰花状。

（2）提：在"沉"的基础上，深吸气，感觉气由丹田提至胸腔，同时以胸之力带动腰椎由微弯状一节一节直立，感觉头部顶向虚空，提至胸腔之气不能静止憋住，同时眼皮也有微松状逐渐张开，瞳孔以气之力放神。

（3）沉：在坐的姿态上通过呼气使气息下沉，感觉气没丹田，以沉气之力带动腰椎从自然垂直状一节一节下压而形成胸微含、身微弯状，在此过程中，眼皮随沉气而徐徐放松。

（4）冲：吸气"提"准备，在沉的过程中用肩和胸向8点或2点水平冲出，双肩保持平行，腰侧肌拉长，眼神看冲出方向。

（5）靠：吸气"提"准备，在沉的过程中身体向4点或者6点靠，目视左、右斜下方。

（6）单手按掌：（以右为例）右手兰花手形胸前位，手离身体一竖掌间距，掌根发力，手腕下压，指尖向上翘起。

（7）提压腕：双手体前位，手腕带动手臂的上提与下压。

（8）扬掌：（以右为例）左手背手，右直臂停在2点斜上方约45度，手心向上。

（9）双晃手：双臂由左向右画立圆，眼随手动。

（10）小五花：兰花指手形准备，首先双手对称、手腕相靠。①指尖带动，形成右手掌心向外、左手掌心向内。②指尖带动，掌跟相靠，形成花朵状。③继续指尖带动，形成右手掌心向内、左手掌心向外。④最后，手腕相靠回到准备位。

（11）云手：右手胸前位向左平穿手，微含胸带旁腰，身体带动手旁提腰，左手体前向右绕头，右手由左至右旁，双手展开呈平圆，右手继续带动由旁至平圆，含胸收手。

（12）穿手：左手胸前位按掌，右手由下至上经过体前下穿手至正上位。

3. 组合动作与顺序节奏

音乐：$\frac{4}{4}$

准备位：双背手，体朝1点坐姿。

前奏（两个8拍 +4拍）

① 第1-12拍　双背手，体朝1点坐姿。
② 第1-2拍　低头，吐气，"沉"。
　　第3-4拍　抬头向前挺胸，吸气"提"。
　　第5-6拍　低头含胸，吐气"沉"。
　　第7-8拍　回正背手坐姿。

第一段（八个8拍）

① 第1-4拍　（歌词：红豆生南国）右手提腕经旁至上落下，单手按掌，眼随手动。

　　第5-8拍　（歌词：春来发几枝）右手提压腕，身体随手做"提""沉"。

② 第1-2拍　（歌词：愿君）右手向8点单手按掌，身体拧向8点，眼随手动。

　　第3-4拍　（歌词：多采撷）左手在右手上方交叉按掌，身体保持不动。

　　第5-6拍　（歌词：此物）于8点斜上方双手交叉2次，第6拍双手于斜上方伸直，双手合十。

　　第7-8拍　（歌词：最相思）双手合掌收回落于左脸颊处，左倾头。

③ 第1-4拍　（歌词：红豆生南国）右手2点扬掌，眼视右手方向，身体向左斜后"靠"（见图3-8）。

图 3-8

　　第5-8拍　（歌词：春来发几枝）向2点"冲"，右手单手按掌，目视2点（见图3-9）。

图 3-9

④ 第1-4拍　（歌词：愿君多采撷）右手提压腕，身体、头回正。

第5-6拍　（$\frac{2}{4}$节奏）（歌词：此物最相思）右双晃手。

第7-10拍　（歌词：思）回到准备位。

⑤ 第1-2拍　（歌词：红豆）体前右手于8点按掌，目视8点。

第3-4拍　（歌词：生南国）体前左手交叉于2点按掌，目视2点。

第5-8拍　（歌词：春来发几枝）体前左手小五花，4拍1次，身体"提""沉"。

⑥ 第1-2拍　（歌词：愿君啊）胸前小五花2次，1拍1次。

第3-4拍　（歌词：多采撷）小五花，2拍1次。

第5-8拍　（歌词：此物最相思）拧腰面向2点，小五花停在右肩前位，目视2点（见图3-10）。

图 3-10

⑦ 第1-2拍　（歌词：红豆）双手手腕相对转腕1次。

第3-4拍　（歌词：生南国）双手手腕相反转腕1次。

第 5-8 拍 （歌词：春来发几枝）（转腕快速交替 3 次）第 8 拍收回左肩前位，目视 2 点斜下方（见图 3-11）。

图 3-11

⑧ 第 1-4 拍 （歌词：愿君多采撷）云手。

第 5-8 拍 （歌词：此物最相思）穿手，眼随右手看正上方（见图 3-12）。

图 3-12

第二段（六个 8 拍）

① 第 1-8 拍 （歌词：红豆生南国，春来发几枝）重复第一段①第 1-8 拍动作。

② 第 1-8 拍 （歌词：愿君多采撷，此物最相思）重复第一段②第 1-8 拍动作。

③ 第 1-8 拍 （歌词：红豆生南国，春来发几枝）重复第一段③第 1-8 拍动作。

④ 第 1-8 拍 （歌词：愿君多采撷，此物最相思）重复第一段④第 1-8 拍动作。

⑤ 第1-2拍（歌词：愿君多采）体前右手于8点按掌。

第3-4拍（歌词：撷）体前左手交叉于2点按掌。

第5-8拍（歌词：此物最）云手。

⑥ 第1-8拍（歌词：相思）穿手。

结束

左手按掌落下放于桌面，右手手背沿着左脸颊落下至右脸颊握拳，右倾头，拳面放于太阳穴处。

4. 教育意义

诗词字里行间，"红豆"以物思人，以舞寄情，感受形神劲律，身心互融，内外统一审美的特点。本课程通过对中国古典舞身韵的学习，让学生感受阴阳、子午、圆融、流畅、典雅、刚韧等中国传统美学。

(二) 操场舞动（晨操健身舞）

出　塞

[唐]王昌龄

秦时明月汉时关，万里长征人未还。

但使龙城飞将在，不教胡马度阴山。

1. 训练目的

学习古典舞的基本手位、脚位、体态，训练古典舞的精、气、神和基本步伐。

2. 主要动作及要求

（1）提襟舞姿：保持拳形手，沉肩，肘部内旋并微弯曲呈圆臂状，虎口与髋部外侧相对，留有一定空隙。

（2）提襟步：向2、8点行进时，主力腿屈膝，动力腿勾脚直膝，体向行进方向。双手提襟，一手提腕前推，一手折腕后压，动力腿落脚，主力腿在后跟至丁字位，双手提襟位，倾头回正。

（3）骑马舞姿：体朝1点，双手空心拳拉缰绳，左手在前、右手在后，双脚平脚碎步快速交替，行进或后退。

（4）单指击鼓：大八字位蹲，双手屈肘，手指交替敲击鼓面，脚与头随动，目视手。

（5）扬鞭：（以右为例）双腿直立半脚掌位，身体微后仰，左手胸前勒马，右手直臂于身后斜上位，亮出右食指似扬鞭策马，反面动作相同。

（6）立掌步：（以右为例）右手叉腰，左手勒马手。左脚全脚向前迈步，右脚立半脚掌并步，交替前行。

（7）拉弓射箭舞姿：左脚直立右吸腿，向旁3点迈出右弓箭步。左右手直臂，指尖对8点击掌，右弓箭步落地时，右手在右肩前拉弓射箭，眼视8点。

（8）并步砸拳舞姿：双脚做并步，双手屈肘，右手掌形，手心朝上，左手握拳，拳心向上手背下砸。

（9）顶天立地舞姿：左手叉腰手，右手穿掌时掌心朝上，抖腕翻掌亮相时要有力度，肘微屈，举于头上，定睛亮相对1点。

（10）冲拳：以右弓箭步为例，体朝右侧3点弓箭步，右手腰间握拳，左手直臂，握拳伸直。

（11）弓步移重心：体朝8点，右弓箭步对4点，左手旁平位推掌对8点，右手握拳于耳旁，拳心对外，定睛亮相对8点。

3. 组合动作与顺序节奏

音乐：$\frac{2}{4}$

准备位：体朝5点，左丁字步，双提襟。

散板

（1）右转身，右脚8点点地，体朝1点。（男）提襟舞姿右脚旁点地，右手虎口掌，提腕至胸前位，掌心朝下由8点到2点平抹，重心移动到右脚上，（女）左弓步，右手按掌位，掌心朝下由8点到2点平抹，眼随手动。

（2）（男）左脚踏步蹲，左手叉腰手，右手扶腿上，体朝2点，（女）左脚旁点地，左手叉腰手，右手托掌，目视2点。

（3）（男）右脚上步，左脚旁点地，左手叉腰，右手折臂掌形手，手心朝下放于额头斜上位作瞭望状，（女）左弓步，左手提襟舞姿，右手胸前按掌。

鼓点（一个8拍）

① 第1-4拍　体朝1点提襟步，向8点行进（见图3-13）。

图 3-13

第5-8拍　体朝2点提襟步。

前奏（两个8拍）

① 第1-6拍　提襟步，分别向8点、2点行进，2拍做3次交替步伐。

　第7-8拍　提襟舞姿。

② 第1-4拍　单指击鼓，右手扬鞭，目视前斜上方（见图3-14）。

图 3-14

第5-8拍　单指击鼓，左手扬鞭，目视前斜上方。

第一段：（八个8拍）

① 第1-4拍　（歌词：秦时明月）右手叉腰，左手勒马手，立掌步，2拍1次做2次，目视1点。

第5-8拍　（歌词：汉时关）骑马舞姿，半蹲后退，目视1点（见图3-15）。

图 3-15

② 第1-8拍　（歌词：万里长征人未还）重复①第1-8拍动作。

③ 第1-4拍　（歌词：但使龙城）保持骑马舞姿，（男）向左旁移步，（女）向右旁移步，2拍1次，做2次。

103

第 5-8 拍　（歌词：飞将在）（男）叉腰左平转，左脚旁上步，双手向头顶左斜上方伸直，五指张开。（女）做反面。

④ 第 1-8 拍　（歌词：不教胡马度阴山）重复③第 1-8 拍动作，做反面动作。

⑤ 第 1-4 拍　（歌词：秦时明月）骑马舞姿。

第 5-8 拍　（歌词：汉时关）体朝 8 点右脚拉弓射箭舞姿，目视 8 点（见图 3-16）。

图 3-16

⑥ 第 1-4 拍　（歌词：万里长征）骑马舞姿。

第 5-8 拍　（歌词：人未还）向右方向并步砸拳舞姿，顶天立地舞姿，目视 1 点（见图 3-17）。

图 3-17

⑦ 第 1-8 拍　（歌词：但使龙城飞将在）重复⑤第 1-8 拍动作。

⑧ 第 1-8 拍　（歌词：不教胡马度阴山）重复⑥第 1-8 拍动作。

第二段（四个8拍）

① 第1-2拍 （歌词：秦时明月）右腿直立，左脚旁点地，双手向右斜上方击鼓，目视3点。

第3-4拍 （歌词：汉时关）身体转向1点，大八字位半蹲，双手腰间握拳，身体转向7点，弓步右手冲拳。

第5-6拍 （歌词：万里长征）左腿直立，右脚旁点地，双手向左斜上方击鼓，目视7点。

第7-8拍 （歌词：人未还）身体转向1点，大八字位半蹲，双手腰间握拳，身体转向3点，弓步左手冲拳。

② 第1-2拍 （歌词：但使龙城）右脚移动重心至并脚半蹲，左臂先起，右臂依次随动立圆环手至并步砸拳，目视8点。

第3-4拍 （歌词：飞将在）朝8点弓步移重心，右弓步（目视8点）。

第5-8拍 （歌词：不教胡马度阴山）骑马舞姿半蹲后退，目视前方。

③ 第1-4拍 （歌词：秦时明月汉时关）单指击鼓2拍，左手扬鞭2拍，目视前斜上方。

第5-8拍 （歌词：万里长征人未还）单指击鼓2拍，右手扬鞭2拍，目视前斜上方。

④ 第1-8拍 （歌词：但使龙城飞将在，不教胡马度阴）重复①第1-8拍动作。

间奏（四个8拍）

① 第1-8拍 右脚移动重心至并脚半蹲，左臂先起，右臂依次随动立圆环手至并步砸拳，右侧弓步移重心，目视8点。

② 第1-8拍　按队形，从右至左，双脚并跳至7点，左臂先起，右臂依次随动立圆下蹲，组与组1拍1次，做8次。

③ 第1-8拍　重复②第1-8拍动作，反面动作相同。

④ 第1-4拍　右手扬鞭。

　　第5-8拍　骑马舞姿。

第三段

重复第一段动作①-⑧。

第四段

重复第二段动作①-④。

结束（两个8拍）

① 第1-8拍　右脚移动重心至并脚半蹲，左臂先起，右臂依次随动立圆环手至并步砸拳，右侧弓步移重心，目视8点。

② 第1-8拍　向右并步砸拳舞姿，顶天立地舞姿，目视1点。

4. 教育意义

本课程蕴含古典舞身韵"形、神、劲、律"的相互关系以及重要性，在音乐、古诗、舞蹈的感召下，引导学生了解古代战争的民族意义，学习古代卫国英雄的凛然气概，树立民族责任感。同时，培养学生刚毅、坚强的品质，传承发展中华民族大无畏的精神传统文化。

登鹳雀楼

[唐]王之涣

白日依山尽,黄河入海流。

欲穷千里目,更上一层楼。

1. 训练目的

学习踢踏舞的基本步伐和节奏变化,提高学生节奏意识和腿部的控制力。

2. 主要动作及要求

(1)勾踢步1:(以右为例)体朝1点正步位叉腰手,勾脚向2点踢出右脚,头随动,脚尖收回,抬膝平脚跺步,右、左、右3次回正步位。

(2)勾踢步2:(以右为例)正步位叉腰手,勾脚向2点踢出右脚,头随动,脚尖收回至正步位,右、左、右、左、右,2次慢动作、3次快跺步。

(3)踢吸腿跺步:(以右为例)体朝8点正步位双手叉腰,左腿不动,右脚绷脚背朝8点踢出,吸腿收回,左腿不动。

(4)击掌跺步1:(以右为例)体朝8点正步位叉腰手,左耳侧拍手2次,同时右脚跺步2次,头转向1点。

(5)击掌跺步2:(以右为例)体朝8点正步位叉腰手,做跺步,顺序为右、左、右、左、右,2次慢动作、3次快跺步,头转向8点。

(6)双脚开合练习:体朝1点正步位双手叉腰,双脚同时起跳,左右打开,再起跳并拢正步位。双脚同时起跳,右脚在前,左脚在后,起跳回正步位,相反脚位1次。

（7）右点步左转身：体朝1点，左手叉腰，右脚旁侧打开同时顶右胯，点步转圈，右手扬掌位，手心朝下挥臂，身体向1、7、5、3点4个方向转动回1点。

（8）碾步后点步：（以右为例）体朝1点正步位屈膝，双手叉腰，左右碾步，头随动，右、左、右拧胯部，碾步回正步位，右脚旁侧跳出，左脚向后侧，脚尖点地，双脚跳回至正步位。

（9）交替步前抬脚：体朝1点，双手叉腰，双脚小八字位右脚起跳，向前交替跳跃行进4次，左脚做踢毽式2次。

（10）交替步后抬脚：体朝1点，双手叉腰，双脚小八字位左脚起跳，向后交替跳跃行进4次，头随动，右腿勾脚右侧旁踢2次。

3. 组合动作与顺序节奏

音乐：$\frac{4}{4}$

准备位：体朝1点，正步位叉腰手，目视1点。

前奏（两个8拍+2拍）

① 第1-8拍　准备位。

② 第1-4拍　右脚勾踢步1，目视1点。

　　第5-8拍　左脚勾踢步1，目视1点。

　　第9-10拍　（空拍）双手叉腰，转向8点。

第一段（十二个8拍）

③ 第1-4拍　（歌词：白日依山）体朝8点，右脚踢，吸腿踩步（见图3-18）。

图 3-18

第 5-8 拍　（歌词：尽）击掌跺步 1（见图 3-19）。

图 3-19

④ 第 1-4 拍　（歌词：黄河入海）击掌跺步 2。

　　第 5-8 拍　（歌词：流）击掌跺步 1。

⑤ 第 1-8 拍　（歌词：欲穷千里目）重复①第 1-8 拍动作（见图 3-20）。

图 3-20

⑥ 第 1-8 拍　（歌词：更上一层楼）重复②第 1-8 拍动作。

⑦ 第 1-8 拍　（歌词：欲穷千里目）双脚开合练习。

⑧ 第1-8拍 （歌词：更上一层楼）朝4个方向,（1、7、5、3点转动）右点步左转身。

⑨ 第1-8拍 （歌词：白日依山尽）重复①第1-8拍动作，体朝2点，反面动作相同。

⑩ 第1-8拍 （歌词：黄河入海流）重复②第1-8拍动作，体朝2点，反面动作相同。

⑪ 第1-8拍 （歌词：欲穷千里目）重复①第1-8拍动作，体朝2点，反面动作相同。

⑫ 第1-8拍 （歌词：更上一层楼）重复②第1-8拍动作，体朝2点，反面动作相同。

⑬ 第1-8拍 （歌词：欲穷千里目）重复⑤第1-8拍动作。

⑭ 第1-8拍 （歌词：更上一层楼）重复⑥第1-8拍动作。

间奏（两个8拍）（变速 $\frac{2}{4}$ 节奏）

① 第1-8拍 碾步后点步。

② 第1-8拍 碾步后点步，反面动作相同。

第二段（八个8拍）

① 第1-8拍 （歌词：白日依山尽）右脚勾踢步2，目视1点。

② 第1-8拍 （歌词：黄河入海流）左脚勾踢步2，目视1点。

③ 第1-8拍 （歌词：欲穷千里目）重复①第1-8拍动作。

④ 第1-8拍 （歌词：更上一层楼）重复②第1-8拍动作。

⑤ 第1-8拍 （歌词：白日依山尽）交替步前抬脚，目视1点，头随动。

⑥ 第1-8拍 （歌词：黄河入海流）交替步后抬脚，目视1点，头随动。

⑦ 第1-8拍 （歌词：欲穷千里目）重复⑤第1-8拍动作。

⑧ 第1-8拍 （歌词：更上一层楼）重复⑥第1-8拍动作。

间奏（4拍）

第1-4拍 体朝8点，左手叉腰手，眼随手动，右手虎口掌手心朝上，由左至右前平位向2点打开。

第三段（六个8拍）（变速 $\frac{4}{4}$ 节奏）

① 第1-4拍 （歌词：白日依山）体朝8点右脚踢吸腿跺步。

第5-8拍 （歌词：尽）击掌跺步1。

② 第1-4拍 （歌词：黄河入海）击掌跺步2。

第5-8拍 （歌词：流）击掌跺步1。

③ 第1-8拍 （歌词：欲穷千里目）双脚开合练习。

④ 第1-8拍 （歌词：更上一层楼）4个方向（1、7、5、3点转动）右点步左转身。

⑤ 第1-8拍 重复①（歌词：欲穷千里目）体朝2点，反面动作相同。

⑥ 第1-8拍 重复②（歌词：更上一层楼）体朝2点，反面动作相同。

间奏（两个8拍）（变速 $\frac{2}{4}$ 节奏）

① 第1-8拍 碾步后点步。

② 第1-8拍 碾步后点步，反面动作相同。

第四段

重复第二段①-⑧。

第五段(六个8拍)

① 第1-4拍 （歌词：白日依山）体朝8点，右脚踢，吸腿跺步。

第5-8拍 （歌词：尽）击掌跺步1。

② 第1-4拍 （歌词：黄河入海）击掌跺步2。

第5-8拍 （歌词：流）击掌跺步1。

③ 第1-8拍 （歌词：欲穷千里目）重复①第1-8拍动作，体朝2点，反面动作相同。

④ 第1-8拍 （歌词：更上一层楼）重复②第1-8拍动作，体朝2点，反面动作相同。

⑤ 第1-8拍 （歌词：更上一层）双脚开合练习，反面动作相同。

⑥ 第1-6拍 （歌词：楼）朝4个方向(分别向7、5、3、1点)右点步左转身。

结束

第7-10拍　左侧同伴体朝8点，左手叉腰，右手旁平位摊掌手位，目视2点（见图3-21）。右侧同伴体朝2点，左手叉腰，右手扬掌，目视8点。

图 3-21

4.教育意义

本课程为踢踏舞风格。学习该舞可以让学生接触、认识舞蹈种类的多样性,丰富他们的舞蹈语汇并引导他们学会欣赏踢踏舞,掌握踢踏舞的风格特点,提高学生的舞蹈鉴赏能力。

一字诗[11]

[清]陈　沆

一帆一桨一渔舟,一个渔翁一钓钩。
一俯一仰一场笑,一江明月一江秋。

1.训练目的

学习武术的基本招式、体态、手形与步伐,讲究内外合一、形神兼备,帮助学生提高身体素质,包括身体的柔韧性和灵活性,培养学生身体协调性。

2.主要动作及要求

(1)拳形:五指握紧,拇指压于食指、中指第二指节上。要点:拳握紧、拳面平、直腕。

(2)掌形:指根发力,五指并拢,大拇指内扣。

(3)勾手:五指第一指节捏拢在一起,屈腕收紧,呈勾形。

(4)桩步:正步位基础上,体朝1点,双脚打开,屈膝蹲,与肩同宽。

(5)歇步:右踏步位基础上,下蹲。

(6)抱拳礼:左手掌形,右手握拳,右拳与左掌心相合,位于胸前。

---

[11] 编为武术舞蹈。

（7）腰间握拳：双手握拳，手心朝上，拳眼对齐腰间最柔软的地方，手肘后夹。

（8）冲拳：手臂内旋，以拳面为力点，推出，出拳时要快速有力，有寸劲。

（9）推掌：手臂内旋，以掌根为力点，推出，推掌时要快速有力，有寸劲。

（10）亮掌：穿掌时掌心朝上，抖腕翻掌亮相时要有力度，臂微屈，举于头上。

（11）并步砸拳：双脚并步，屈臂下砸，拳心向上，力达拳背。

（12）勾踢冲拳：重心左腿，右腿向前勾脚弹踢，同时冲左拳，收右拳，双拳交替进行。目视前方，踢腿出拳要有力量。

（13）侧弓步推掌：（正前方为例）面对8点，右脚弓箭步对4点，左手推掌对8点，右手握拳于耳旁，拳心对外，定睛亮相对8点。

（14）跪地冲掌：面对1点，左弓步，右膝跪地。左手托掌，右手向前直臂冲掌，目视1点。

（15）推腕肘击：（以右为例）双手手肘架平，左手立掌，右手拳形手背朝上，左手掌心推于右拳面上，手肘推出，眼视右手方向。

（16）虚步勾手：双手勾手，左手正上位，右手旁平位，双脚与肩同宽下蹲，重心左脚上，右脚立掌，眼视右手方向。

（17）风火轮：双脚打开，略宽于双肩，以腰为轴，直臂指尖带动身体划"8"字立圆。

（18）扑虎：旁弓箭步的基础形态上继续下蹲，身体腆胸、展背，俯向地面。手臂成双山膀的舞姿。眼望向直腿伸出方向。

3. 组合动作与顺序节奏

音乐：4/4

准备位：面对 1 点，正步位。

前奏（六个 8 拍）

① 第 1-8 拍　准备位。

② 第 1-8 拍　准备位。

③ 第 1-4 拍　右脚上步并腿。

　　第 5-8 拍　抱拳礼。

④ 第 1-4 拍　左脚打开，双脚与肩同宽，双背手。

　　第 5-8 拍　上身转向 7 点。

⑤ 第 1-4 拍　上身转回 1 点正前方。

　　第 5-8 拍　掌形手手心朝下，双手两侧打开至旁平位。

⑥ 第 1-4 拍　掌心朝上，双手由旁平位至前平位。

　　第 5-8 拍　腰间握拳。

第一段（八个 8 拍）

① 第 1-4 拍　（歌词：一帆一桨一渔）屈膝下蹲，左手腰间握拳，右手向前冲拳。

　　第 5-8 拍　（歌词：舟）右手腰间握拳，左手向前冲拳。

② 第 1-4 拍　（歌词：一个渔翁一钓）左手腰间握拳，右手向前冲拳，快速交替，右、左、右冲拳 3 次。

　　第 5-8 拍　（歌词：钩）屈膝下蹲，腰间握拳。

③ 第 1-4 拍　（歌词：一俯一仰一场）屈膝下蹲，右手腰间握拳，左手向前推掌。

　　第 5-8 拍　（歌词：笑）屈膝下蹲，左手腰间握拳，右手向前推掌。

④ 第1-4拍 （歌词：一江明月一江）右手腰间握拳，左手向前推掌，快速交替，左、右、左推掌3次。

第5-8拍 （歌词：秋）站直，腰间握拳。

⑤ 第1-4拍 （歌词：一帆一桨一渔）身体转向3点右弓步，左手冲拳，右手腰间握拳（见图3-22）。

图 3-22

第5-8拍 （歌词：舟）右手冲拳，左手腰间握拳。

⑥ 第1-4拍 （歌词：一个渔翁一钓）快速交替，左、右、左冲拳3次。

第5-8拍 （歌词：钩）并步砸拳面朝5点，右侧弓步推掌。

⑦ 第1-4拍 （歌词：一俯一仰一场）转身至7点，腰间握拳，右脚立半脚掌。

第5-8拍 （歌词：笑）左腿直立，右脚勾踢快速交替右、左、右，上身冲拳左、右、左，各3次。

⑧ 第1-4拍 （歌词：一江明月一江）右脚8点上步并腿，立半脚掌，双手旁平位，目视8点。

第5-8拍 （歌词：秋）左踩地，右膝跪地，腰间握拳，目视正前方。

第二段（八个8拍）

① 第1-4拍 （歌词：一帆一桨）跪地托掌。

第5-8拍 （歌词：一渔舟）跪地冲掌（见图3-23）。

图 3-23

② 第 1-4 拍 （歌词：一个渔翁）面朝 1 点，站起正步位，腰间握拳。

第 5-8 拍 （歌词：一钓钩）左拧身，右脚向 8 点绷脚点地，右手腰间握拳，左手向 8 点推掌。

③ 第 1-4 拍 （歌词：一俯一仰）朝 8 点方向行进，左转身，右弓步，推腕肘击，转头，目视 8 点。

第 5-8 拍 （歌词：一场笑）朝 8 点方向行进，右转身，左弓步，推腕肘击，转头，目视 8 点（见图 3-24）。

图 3-24

④ 第 1-8 拍 （歌词：一江明月一江秋）左转身体朝 5 点，虚步勾手，目视 7 点。

第 9-12 拍 左转身向 2 点歇步，腰间握拳，目视 2 点。

⑤ 第 1-4 拍 （歌词：一帆一桨一渔）歇步右冲拳，目视 2 点（见图 3-25）。

图 3-25

第 5-8 拍　（歌词：舟）歇步左冲拳，目视 2 点。

⑥ 第 1-4 拍　（歌词：一个渔翁一钓）歇步右、左、右快速交替，冲拳 3 次（目视 2 点）。

第 5-8 拍　（歌词：钓）歇步起身正步位，腰间握拳，目视 2 点。

⑦ 第 1-4 拍　（歌词：一俯一仰一场）右手腰间握拳，左手向前推掌。

第 5-8 拍　（歌词：笑）左手腰间握拳，右手向前推掌。

⑧ 第 1-4 拍　（歌词：一江明月一江）右手腰间握拳，左手向前推掌，快速交替，左、右、左推掌 3 次。

第 5-8 拍　（歌词：秋）双手腰间握拳。

间奏（四个 8 拍）

① 第 1-4 拍　体朝 1 点，左手带动风火轮。

第 5-8 拍　扑虎。

② 第 1-4 拍　从左往右扑虎下蹲，移动重心到右脚立转身，眼随右手。

第 5-8 拍　2 点方向，推腕肘击，目视 2 点。

③ 第 1-4 拍　右转身一圈至正前方。

第 5-8 拍　跺步，旁斜下摊手，右勾脚。

④ 第1-4拍　右转身，移步重心至右脚上，左转身，体朝1点，虚步勾手（目视8点）。

第5-8拍　腰间握拳，桩步。

第三段

重复第一段动作①-⑧。

第四段

重复第二段动作①-⑧。

结束（4拍）

第1-4拍　体朝2点，上右脚并脚，手心朝上，由旁平位向前平位收手。右脚踩地，左膝跪地，右手亮掌，左手8点旁平位推掌，转头目视8点。

4.教育意义

武术是中华文明的瑰宝，学习武术是学习以人为本、以德养性、以武强身的武术精神，本课程通过学习武术让学生懂得自强不息、厚德载物，崇尚中华武术精神。

(三)校园舞蹈(校园集体对舞)

寻胡隐君

[明]高 启

渡水复渡水,看花还看花。

春风江上路,不觉到君家。

1.训练目的

学习江南素材民间舞基本体态、律动、基本步伐的变化和发展。多方面、多方位、多角度学习江南民间舞蹈和风格。

2.主要动作及要求(舞蹈以两人面对面动作为主):

(1)摇摆舞姿:右启动,旁按手,手腕内侧带动胯部右左摆动,身体两侧顶胯划下弧线,头随动。

(2)摇桨舞姿:左手启动,屈肘摇臂,用腰肋带动手肘划"8"字圆。右脚在前踏步蹲的基础上前后移动重心。

(3)划船舞姿:正步位准备,半蹲,上身前倾45度,双脚右左交替碎步前行,双手紧贴身体,右倾头,右手提腕向上,右倾头,左手压腕向后。

(4)吸抬步伐:(男生为例)体朝1点,向7点行进,左脚启动,左手兰花掌,屈肘于左肩前位,右手体侧左右摆臂。顶左胯,左脚向旁吸抬上步,提右胯,向左脚方向抬右脚,交替进行(女生面对面,动作相同)。

(5)跟跄步:重心前倾,腰肋带动旁按手向前做绕"8"字,脚下左、右、左向前迈步。

(6)碎步:正步位双膝微屈,立半脚掌,胯部左右摇摆,脚下碎步,双手胯前手,快速提压摆动,头随动。

(7)推腕扭十字步:(右手为例)推腕——左手旁平位,右手屈肘折臂,手心朝上抬至脸颊旁,双手交替进行。十字步——左脚启动迈步对2点,右脚迈步对8点、左脚再迈步对6点,右脚再迈步回正步位。

(8)绕头手:左手由右划至左斜上位打开,右手在上交叉绕头落至脸颊旁。

(9)戏水步:体朝8点微微前倾,左腿屈膝,右腿直膝前勾脚,左手托掌(女兰花掌型手,男虎口掌),右手由前至后摆臂,同时右脚勾踢同步进行,2次慢动作、2次快动作,头随动。

(10)寻花颤步:(两人面对面,以右为例)左脚踏步蹲颤4次,重拍在下,双手手心朝前、指尖朝3点由右至左平抹,左手横掌于额头斜上方,右手托按掌位。

(11)托腮手位:左手托腮位,右手扬掌位,手心朝外,反面动作相同。

(12)推磨舞姿:(以右为例)左腿直立为重心,右腿45度抬起,由前脚画半圆至右后踏步,腰部带动双手立腕由前画圆,双臂前后摆动。反面动作相同。

(13)按腕耸肩:(以右为例)左脚踏步蹲,眼视右手斜下位,右手旁按掌,左手按掌于右手大臂位,耸肩,2次慢动作、3次快动作。

(14)雨丝飘落:(以右为例)双手下弧线画半圆至右斜上位,手指上下抖动。小射雁脚位,右脚绷脚后抬腿抬脚至左斜后方,带动右旁腰上提,眼随手动。

(15)斜托掌手位:双手兰花掌形,右前左后,摇臂立圆,左脚吸至右腿旁右脚半脚掌。

(16)绕腕:右手在体侧,指尖朝外按掌位,指尖带动向内绕腕1次。

(17)收袖提裙:(女)正步位体朝1点,双手由下至上,至耳旁转腕屈肘至大腿旁,提裙式,屈膝蹲上身前倾,眼随手动。

(18)收袖提衫:(男)正步位,屈膝蹲,上身前倾,左手屈肘折臂,握拳端放于肩前位,同时右手由前至右虎口提衫,抹到背后背手。

(19)旁移步:(男)左手屈肘于肩前位,右手体侧旁按手随动,双膝松弛,左脚向旁7点迈出左转头,右脚跟上至正步位右转头,双脚交替进行。(女)双手提裙,双膝松弛,右脚向3点迈出右转头,左脚跟上至正步位,左转头。

(20)撩水:右踏步碾步转身,同时手心朝前,双臂由下往上撩水翻手腕转身至旁按手位,右倾头,左踏步蹲。

3.组合动作与顺序节奏

音乐:$\frac{4}{4}$

准备位:教室两侧双人正步位站姿面对面,男生体朝7点、女生体朝3点。

前奏(两个8拍)

① 第1-8拍　准备位。

② 第1-8拍　两人面对面摇桨舞姿4次(见图3-26)。

图 3-26

第一段(八个8拍)

① 第1-8拍 （歌词：渡水复渡水，看花还看花）(男)体朝7点行进，(女)体朝3点行进，吸抬步伐，2次慢动作、3次快动作，两人对视。

② 第1-6拍 （歌词：春风江上路，不觉到君家）推腕扭十字步。
   第7-8拍 碎步。

③ 第1-8拍 （歌词：渡水复渡水，看花还看花）重复①第1-8拍动作。

④ 第1-8拍 （歌词：春风江上路，不觉到君家）重复②第1-8拍动作。(女)前、(男)后两人3、7点对穿到(男)左、(女)右。

⑤ 第1-8拍 （歌词：渡水复渡水，看花还看花）左起推磨舞姿。

⑥ 第1-8拍 （歌词：春风江上路，不觉到君家）左踏步半蹲，右直臂按掌，左手搭在右手大臂处，耸肩，2次慢动作、3次快动作，目视右肩斜下方。

⑦ 第1-4拍 （歌词：渡水复渡水）向左横移动小碎步，手做雨丝飘落，脚下小射雁，头随动（见图3-27）。

图 3-27

第5-8拍 （歌词：看花还看花）向右横移动小碎步，手做雨丝飘落，脚下小射雁，头随动。

⑧ 第1—4拍 （歌词：春风江上路）体朝8点跟跄步。
　第5—8拍 （歌词：不觉到君家）胸前小五花，左转身接绕头手，右手托腮位，左手扬掌位，手心朝8点，体朝2点，右脚屈膝蹲，左脚向2点前点地（见图3-28）。

图3-28

间奏（两个8拍）

① 第1—8拍 体朝8点，左起摇桨舞姿，2拍1次，做4次，目视8点。

② 第1—4拍 体朝1点，向右旁扭胯移步，目视1点。
　第5—8拍 向左旁扭胯移步，至两人向内转身面对面。

第二段（十二个8拍）

① 第1—4拍 （歌词：渡水复渡水）两人面对面，（男）体朝3点，（女）体朝7点，右起寻花颤步，两人对视。
　第5—8拍 （歌词：看花还看花）脚下五位脚立半脚掌，右左交替快速上步，左起托腮手位交替2次，目视行进方向。

② 第1—6拍 （歌词：春风江上路，不觉到君家）推腕扭十字步。
　第7—8拍 碎步。

③ 第1—8拍 （歌词：渡水复渡水，看花还看花）重复①第1—8拍动作，交换位置（男）右、（女）左。

④ 第1-8拍 （歌词：春风江上路，不觉到君家）重复②第1-8拍动作。

⑤ 第1-8拍 （歌词：渡水复渡水，看花还看花）重复第一段⑤第1-8拍动作，右起推磨舞姿。

⑥ 第1-8拍 （歌词：春风江上路，不觉到君家）重复第一段⑥第1-8拍动作，反面动作相同。

⑦ 第1-8拍 （歌词：渡水复渡水，看花还看花）重复第一段⑦第1-8拍动作，反面动作相同。

⑧ 第1-8拍 （歌词：春风江上路，不觉到君家）右手斜托掌手位，左脚绷脚正吸腿至右腿膝盖窝内侧，圆场步向右绕半圈回到1点，（男）左、（女）右。

⑨ 第1-4拍 （歌词：渡水复渡水）右脚旁移一步左踏步蹲，左手托掌，右手小绕腕1圈，眼随手动。

　　第5-8拍 （歌词：看花还看花）体朝8点戏水步，2次慢动作。

⑩ 第1-4拍 （歌词：春风江上路）戏水步。

　　第5-8拍 （歌词：不觉到君家）从左往右双晃手，圆场步绕半圈回到1点。

⑪ 第1-4拍 （歌词：渡水复渡水）体朝1点，（女）收袖提裙，（男）收袖提衫。

　　第5-8拍 （歌词：看花还看花）（女）右脚向旁迈步、左脚并步，头随动，1拍1个动作。（男）反面动作相同。

⑫ 第1-8拍 （歌词：春风江上路，不觉到君家）两人向中区靠拢，移碎步，撩水。

　　第9拍　　体朝1点方向，旁按手，左脚踏步蹲，目视8点。

儿童读诗（无节拍）

（渡水复渡水）正步位，双背手，目视1点。

（看花还看花）右手由左至右向旁推开，左手提手腕，双手一起从右往左推至按掌手，左手略高。

（春风江上路）双手微风舞姿，2次慢动作、3次快动作落下，眼随手动。

（不觉到君家）双手向内绕臂，两侧旁斜下打开至正上位屈肘，指尖相对。

间奏（两个8拍）

① 第1-8拍　女生体朝5点划船舞姿2次，男生体朝1点划船舞姿2次。

② 第1-8拍　女生体朝1点划船舞姿2次，男生体朝5点划船舞姿2次。

第三段

重复第二段动作①-⑫。

结束

女生左脚踏步蹲，双手旁按手，转头，目视8点，男生站在女生右后方，左脚踏步，男生左手扶女生左肩，右手折臂握拳，手心朝里于肩膀位，目视8点。

4. 教育意义

本课程通过学习江南素材民间舞，使学生了解民族文化的发展和变化，掌握江南素材民间舞的风格和特点，提高自身表演能力。

长歌行

[汉]汉乐府

百川东到海,何时复西归。
少壮不努力,老大徒伤悲。

1. 训练目的

学习蒙古族舞蹈的硬肩、耸肩、柔臂、硬腕、等基本动作,初步了解蒙古族舞蹈的体态、特点和风格,提升舞蹈表现力。

2. 主要动作及要求

(1)后踢跑跳步:正步位准备,身体前倾,双臂展开至身体旁平位,扩指。体朝1点,双脚交替后踢,脚跟发力,转头目视1点。

(2)提压腕:掌形手,大拇指向旁张开呈虎口。手掌与手腕处于平直状态时,以上提与下压的手腕动作进行手臂动作的舞动,动作要求刚柔相济,交替结合。

(3)硬肩上步:肩部前后运动。拳形手,双手大拇指翘起,四指握拳,大拇指顶住腰部两侧。肩部前后拧动,手腕和手臂配合双肩随动。左腿直立,右脚上前,左肩前、右肩后,反面动作相同。

(4)柔臂:(以右为例)准备拍,左手压腕,右手提腕,在身体两侧向旁上下交替做波浪式手臂运动。注意手臂动作一定遵循由肩、大臂、手肘、小臂、手腕,最后延伸至指尖的运动路线,避免端肩。

(5)原地半蹲转:双手掌形手叉腰,屈膝半蹲,向右转一圈。

(6)胸前折臂手:双手折臂端于胸前,手心向下,双手指尖相对。手肘重拍向下,上下交替。

(7)交替旁踹步:(以右为例)左腿屈膝半蹲,右腿直膝,右脚勾脚着地。相反动作相同。

（8）前追步：（以右为例）右动力腿向前伸出，左主力腿追着动力腿向前做蹉步。

（9）旁追步：左动力腿向旁伸出，右主力腿追着左动力腿向旁做蹉步。

（10）耸肩：双手拳形，拇指伸出，虎口叉腰，双肩同时上下运动。

（11）吸剁步：单起双落，右脚吸跺步。

3.组合动作与顺序节奏

音乐：$\frac{4}{4}$

准备位：教室两侧准备，（男）体朝3点，（女）体朝7点。

前奏（五个8拍）

① 第1-8拍　准备位。

② 第1-8拍　准备位。

③ 第1-4拍　两人体朝1点，分别向3、7点行进对穿，双手旁平位，扩指，掌心朝1点，目视1点，（男）左、（女）右。

　　第5-8拍　体朝1点并脚半蹲，双手扶膝，（以右侧女生为例）右脚向旁迈出，左脚旁点地。双手右耳侧拍手2次，两人对视。男生反面动作相同。

④ 第1-8拍　重复③第1-8拍动作，反面动作相同。

⑤ 第1-8拍　重复③第1-8拍动作。

第一段（八个8拍）

① 第1-4拍　（歌词：百川东到）（女）左脚直立，右脚旁点地。（男）做斜上提压腕。（男）并脚双手扶膝半蹲（见图3-29）。

图 3-29

第 5-8 拍 （歌词：海）两人交换动作，二人对视。

② 第 1-8 拍 （歌词：何时复西归）（女生为例）重复 ① 第 1-8 拍动作。

③ 第 1-4 拍 （歌词：少壮不努）体朝 1 点，右脚启动，左边硬肩上步 2 次，2 拍 1 次，目视 1 点。

第 5-8 拍 （歌词：力）原地半蹲硬肩 4 次，1 拍 1 次，目视 1 点。

④ 第 1-2 拍 （歌词：老大）右脚朝 2 点弓箭步，双手展开，左手后斜上位，右手旁平位，同时提压腕，目视右手方向。

第 3-4 拍 （歌词：徒伤）右脚踏步，胸前折臂手，身体微微下旁腰，目视 2 点斜上方。

第 5-8 拍 （歌词：悲）双臂从身体两侧打开到正上位至叉腰，同时原地半蹲转，目视右肩方向。

⑤ 第 1-8 拍 （歌词：百川东到海）重复 ① 第 1-8 拍动作，反面动作相同。

⑥ 第 1-8 拍 （歌词：何时复西归）重复 ② 第 1-8 拍动作，反面动作相同。

⑦ 第 1-8 拍 （歌词：少壮不努力）重复 ③ 第 1-8 拍动作，反面动作相同。

⑧ 第 1-8 拍 （歌词：老大徒伤悲）重复 ④ 第 1-8 拍，反面动作相同（见图 3-30）。

中华诗音舞

图 3-30

第二段（四个 8 拍）

① 第 1-4 拍　（歌词：百川东到海）体朝 1 点，胸前折臂手，右脚开始交替旁踵步，2 拍 1 次，右、左倾头，目视 1 点（见图 3-31）。

图 3-31

第 5-6 拍　（歌词：何时复西）并脚屈膝半蹲，掌形手拍膝 2 次，目视手方向。

第 7-8 拍　（歌词：归）双手从体侧举至旁斜上位，身体直立（目视 1 点）。

② 第 1-4 拍　（歌词：少壮不努力）体朝 8 点，左脚不动，右脚前点地，左手前平位，右手旁平位，手随脚动提压腕，右倾头，反面交替 1 次。

第 5-6 拍　（歌词：老大徒）并脚屈膝半蹲，掌形手拍腿 2 次，两人配合跳至前后位，(女)前、(男)后。

第 7-8 拍 （歌词：伤悲）体朝 1 点，双手从体侧举至旁斜上位，身体直立。

③ 第 1-4 拍 （歌词：百川东到海）（女）半蹲做胸前提压腕，（男）站直双手旁斜上位提压腕 2 次，目视 1 点。

第 5-8 拍 （歌词：何时复西归）（女）右侧迈步耸肩重拍向下 3 次，（男）向左侧迈步做相同动作。

④ 第 1-4 拍 （歌词：少壮不努力）两人分别跳向 3、7 点，（女）右、（男）左，面对面，叉腰并脚，两人双手胸前合掌，从头顶上方打开。

第 5-8 拍 （歌词：老大徒伤悲）体朝 1 点，两人分别向 3、7 点跳一步，并脚半蹲，双手耳侧击掌 2 次，目视对方。

间奏

① 第 1-8 拍 重复前奏③第 1-8 拍动作，（女）体朝 3 点，（男）体朝 7 点做动作。

② 第 1-8 拍 重复前奏④第 1-8 拍动作，（男）体朝 3 点，（女）体朝 7 点交换位置。

③ 第 1-8 拍 重复前奏③第 1-8 拍动作，（女）回到右侧，（男）回到左侧，各自位置。

第三段（八个 8 拍）

① 第 1-4 拍 （歌词：百川东到）右臂前平位，左手旁平位，交替做提压腕。（女）体朝 5 点，（男）体朝 1 点同时前追步。

第 5-8 拍 （歌词：海）（女）体朝 1 点前追步，（男）向 5 点前追步。

② 第 1-4 拍 （歌词：何时复西）双臂划立圆，右手斜上，左手旁平位，目视右手斜上方。（女）体朝 1 点向左做旁追步，

（男）体朝 5 点向左做旁追步（见图 3-32）。

图 3-32

第 5-8 拍　（歌词：归）右脚弓箭步，双臂两侧伸直打开，旁斜下位提压腕，目视右手方向，右脚撤回后踏步，双手胸前位提压腕，目视 2 点斜上方。

③ 第 1-8 拍　（歌词：少壮不努力）重复 ① 第 1-8 拍动作，（女）体朝 3 点行进，左转身体朝 7 点，（男）体朝 7 点行进，左转身体朝 3 点做动作，最后两人跳至面对面位置。

④ 第 1-4 拍　（歌词：老大徒伤）屈膝半蹲，男生体朝 3 点，（女）体朝 7 点，面对面，双手前斜下方直臂提压腕，目视手方向。

第 5-8 拍　（歌词：悲）双手胸前打开旁平位，吸跳碎步两人交换位置（男）右、（女）左，二人对视。

⑤ 第 1-4 拍　（歌词：百川东到）面对面双手叉腰，原地后踢步。

第 5-8 拍　（歌词：海）两人面对面（男）体朝 7 点，向旁出左脚，（女）体朝 3 点，向旁出右脚，旁踏步，2 拍 1 次交替，头随动。

⑥ 第 1-8 拍　（歌词：何时复西归）两人跑跳步交换位置（男）左、（女）右，体朝 1 点。

⑦ 第 1-4 拍　（歌词：少壮不努）体朝 1 点，左脚启动，向 6 点后撤 3 步，左手启动做柔臂，目视 2 点，第 2 拍并脚直立。

第 5-8 拍　（歌词：力）右脚启动，向 4 点后撤 3 步，右手启动柔臂，目视 8 点，第四拍并脚直立。

⑧ 第 1-4 拍　（歌词：老大徒伤）体朝 8 点，左脚不动，右脚前踩步，双臂贴于身体从下方划至前平位，含胸低头提腕，右脚后踏步，双臂落下，从身体两侧打开，目视左手方向。

第 5-8 拍　（歌词：悲）两人体朝 1 点，双手叉腰，右左各 1 次耸肩，目视 1 点，头随动。

第四段（十个 8 拍）

① 第 1-4 拍　（歌词：百川东到海）左侧（男）做斜上方提压腕，（女）并脚双手扶膝半蹲，侧头目视同伴。

第 5-8 拍　（歌词：何时复西归）右侧（女）做斜上方提压腕，（男）并脚双手扶膝半蹲，侧头目视同伴。

② 第 1-4 拍　（歌词：少壮不努力）重复 ① 其中第 1-4 拍动作。

第 5-8 拍　（歌词：老大徒伤悲）重复 ① 其中第 5-8 拍动作。

③ 第 1-4 拍　（歌词：百川东到海）体朝 1 点，右脚启动，左边硬肩上步 2 次，2 拍 1 次，目视 1 点。

第 5-8 拍　（歌词：何时复西归）原地半蹲硬肩 4 次，1 拍 1 次，目视 1 点。

④ 第 1-4 拍　（歌词：少壮不努力）右脚朝 2 点弓箭步，双手展开，左手斜上位，右手旁平位，同时提压腕，目视右手方向，右脚踏步，胸前折臂手，身体微微下旁腰，目视 2 点斜上方。

第 5-8 拍　（歌词：老大徒伤悲）双臂从身体两侧打开到正上位变叉腰，同时原地半蹲转，目视右肩方向。

⑤ 第1-4拍 （歌词：百川东到海）右侧（女）做斜上方提压腕，（男）并脚双手扶膝半蹲，侧头目视同伴。

第5-8拍 （歌词：何时复西归）左侧（男）做斜上方提压腕，（女）并脚双手扶膝半蹲，侧头目视同伴。

⑥ 第1-4拍 （歌词：少壮不努力）重复⑤中第1-4拍动作。

第5-8拍 （歌词：老大徒伤悲）重复⑤中第5-8拍动作。

⑦ 第1-4拍 （歌词：百川东到海）体对1点，左脚启动，右边硬肩上步2次，2拍1次，目视1点。

第5-8拍 （歌词：何时复西归）原地半蹲硬肩4次，1拍1次，目视1点。

⑧ 第1-4拍 （歌词：少壮不努力）体朝1点，左脚朝8点弓箭步，双手展开，右手斜上位，左手旁平位，同时提压腕，目视左手方向，左脚踏步，胸前折臂手，身体微微下旁腰，目视8点斜上方。

第5-8拍 （歌词：老大徒伤悲）双臂从身体两侧打开到正上位变叉腰，同时原地半蹲转，目视左肩方向。

⑨ 第1-4拍 （歌词：少壮不努力）体朝1点胸前折臂手，右脚开始交替旁踵步，1拍1次，右左倾头，目视1点。

第5-8拍 （歌词：老大徒伤悲）并脚屈膝半蹲，掌形手拍膝2次，目视手方向，双手从体侧举至旁斜上位，身体直立，目视1点。

⑩ 第1-4拍 （歌词：少壮不努力）重复⑨第1-4拍动作。

第5-8拍 （歌词：老大）重复⑨第5-8拍动作。

结束(8拍)

第1-4拍　（歌词：徒）两人双臂保持旁斜上位，原地向右转一圈向1点。

第5-8拍　（歌词：伤悲）（男）左腿后撤腿，膝盖跪地，双手叉腰，向右拧腰。（女）右脚在前，半脚尖直腿立，左手搭在前方同伴肩膀，右手旁斜上位拧，向右拧腰，两人目视8点（见图3-33）。

图 3-33

4.教育意义

本课程通过学习蒙古族舞蹈，让学生了解马背民族文化的习俗和地域特点，体会蒙古族人彪悍、粗犷、豪爽的性格，鼓励学生面对困难时要具备不畏艰险、一往无前的勇气。

第四章　原创作品范例

一、"小型歌舞剧"与"社团舞蹈"

"歌舞剧"是指将音乐、戏剧、文学、舞蹈、舞台美术等融为一体的综合性艺术。它是有人物形象、对白、戏剧内容，载歌载舞并伴有舞台美术，如灯光、服装、道具、化妆等的表演艺术形式，通常由咏叹调、宣叙调、重唱、独唱、合唱、序曲、间奏曲等舞蹈场面组成。发展百年来，深受人们喜闻乐见。在学习小型歌舞剧及歌舞表演过程中，学生可以了解历史背景、认识古代人物，通过扮演各种人物形象、塑造各种角色，更加全面地提升核心素养。因此，对于中小学学生而言，小型歌舞剧这一富有感染力的艺术形式具有极佳的启迪教育意义。了解、认识、掌握这一艺术形式，可以达到"歌以咏志，舞以进一"的教育效果。

"社团舞蹈"则是由专业教师指导，以舞蹈为主要形式，每周定期组织的学生校园社团活动。社团舞蹈成员均是经过挑选的舞蹈爱好者，来自不同年级、班级。同时，社团舞蹈一般以民族文化为载体，兼学其他课程。由于参赛舞蹈必须是原创作品，小学阶段可多由老师指导，中学阶段可进行更多的创编学习。社团舞蹈所搭建的艺术展演平台，给学习生提供了施展才华的机会。不仅开阔学生眼界，丰富舞台经验，加强表演能力，而且通过活动，可以缓解学习压力，让学生们互相学习，培养良好的团队合作精神。此外，社团舞蹈对于民族文化的学习与传承，也是培根铸魂、立德树人的重要形式，有助于学生全面发展。

二、创编舞蹈

"创编舞蹈"是指学生在掌握了一定的舞蹈组合和舞蹈动作的基础上，进行"即兴表演"，是由教师引导学生进行创造的艺术实践活动。创编舞蹈让学生放飞梦想，寻找创编的快乐。其主要内容已在第二、三章节的中小学课程介绍中进行了梳理，下面将用一定篇幅，描述《中华诗音舞》古诗舞蹈创编采用的现代交响编舞技法之一——意向创作手法，以作有益提示和补充。

意向创作手法是指以崭新的思维视角、意象的结构方式、新颖的编创手法，用具象寓意、抽象思维来进行表达的创作理念。舞蹈创作要经过"眼中之竹、胸中之竹、手中之竹"（著名画家郑板桥语）的创作过程，是高度抽象化的具象，又是不脱离具象特征的抽象。虚实相得益彰的手法，使人们通过抽象产生联想，又使舞蹈作品有象可依，形成画中有画、画中留白、弦外留音、余音绕梁之感。

如同中国水墨画，编舞的留白同样重要，不可填压太满，要给观众留下更多空间以想象驰骋。创作时，要假设生活在三个层面、扮演三个不同角色：构思时是编导、编舞中扮舞者、排练时做观众，最后回到编导，对作品再重新审视、理性思考。在创作中要做到以虚拟手法揭示内心形象；以自然景象表达主观情感；以不断变化的外象营造各种新的意象；以象征性的道具传情达意。同时，需要在创编舞蹈过程中，牢记创作8要素：（1）作品三部曲——凤头、猪肚、豹尾。（2）编舞时抓一个主题动作——"核"。（3）创作犹如"十月怀胎"，排练好似"一朝分娩"。（4）站在巨人肩膀上驾驭作品，纵观六路耳听八方。（5）行动中的巨人，言语中的矮子，作品要锋芒、做人要谦和。（6）不克隆别人，更不复制自己，即使题材同类也要另辟新径。（7）不惜借力，以他人作品之长补自己作品之短。（8）创作时尽量做到：一只眼睛看中国，一只眼睛看世界。

三、"小型歌舞剧"范例

元 日

[宋]王安石

音乐：易凤林

爆竹声中一岁除，春风送暖入屠苏。

千门万户曈曈日，总把新桃换旧符。

1. 剧情简介：

一群"古代孩童"放鞭炮，贴桃符，围着福寿老爷爷喝屠苏酒。另一群"现代儿童"踏着滑板车，手持七彩气球和"福"字窗花，簇拥着百岁老奶奶。两个不同时代的人们，以不同方式共同迎接新年，象征着新的一年欣欣向荣，万物更新。鞭炮声声，人们欢天喜地，共庆新春佳节，共创美好家园。人们为今日的幸福生活而高歌，同时充满着对明天美好生活的憧憬。

2. 人物：

扮演古代福寿老爷爷1人

扮演古代男女孩童12人

扮演现代时髦百岁老奶奶1人

扮演现代男女孩童12人

3. 服饰：

福寿老爷爷身着宋代服装，粘白胡须

古代男孩童着宋代服饰

百岁时髦老奶奶佩戴眼镜，穿皮鞋，短装金丝绒时髦裙

现代男孩童身穿西装、马夹，扎领结

现代女孩童身穿蓬蓬裙，扎蜈蚣小辫

4. 道具：

鞭炮6串，桃符或春联6条，屠苏酒坛1个

滑板车6台，七彩气球6个

"福"字窗花（实为大手绢）12条，寿桃1个，红包若干

5. 舞台呈现：

天幕（一） 宋代乡村新年的热闹场景。

画面（1） 幕后声——过年了，过大年了（鞭炮声声，此起彼伏）。

随着新年鞭炮声，6名男孩童手持鞭炮，6名女孩童手持桃符，奔跑出来，推着白胡须福寿老爷爷高兴地出场。

孩童围着爷爷，先后叫着"爷爷过年好"！围着老爷爷各自坐、站造型。老爷爷捋了捋长长的胡须，摇头晃脑、慢条斯理、笑容满面地朗诵着古诗《元日》："爆竹声中一岁除，春风送暖入屠苏。千门万户曈曈日，总把新桃换旧符。"

孩童再朗诵《元日》诗句（可以有领诵，男、女分诵，齐诵，最后两句重复朗诵）。

画面（2） 鞭炮响起，音乐声中，男孩童跳起鞭炮舞，女孩童手持桃符相互赞赏春联，当女孩童正跳着赛春联舞蹈而意犹未尽时，耳边传来喊声——"屠苏酒来了！"（画外音）。

画面（3） 几个调皮男孩童已把大坛屠苏酒抬了上来，孩童给爷爷敬酒，爷爷酒兴正高时，一名女孩童说："我们去贴桃符吧！"

（全员下场）

天幕（二）　现代化社区大红灯笼高高挂，霓虹灯亮闪闪，到处张灯结彩。

画面（4）　在《元日》音乐声中，现代男孩童踏着滑板车，系着七彩气球飞奔上场，6名现代女孩童手转着"福"字窗花（大手绢，可做"手绢花"动作）簇拥着百岁老奶奶出场，好一阵欢声笑语。

画面（5）　儿童争着给奶奶表演，手绢花满台飞舞，高空、低空地旋转、抛转，滑板车系着七彩气球在舞台穿梭，与手绢花交相辉映。喜庆热闹的舞蹈把老奶奶乐得前仰后合。

画面（6）　奶奶夸儿童表演精彩，孩子们给奶奶拜年："奶奶新年好！"奶奶高举红包。

一儿童叫："奶奶发红包了！"

儿童齐嚷："快来抢红包……"

舞台上红包满天飞，儿童争先抢恐后抢红包，不亦乐乎。

女童2人抬来大寿桃敬献给奶奶："祝奶奶寿比南山，福如东海！"

儿童齐声说："奶奶新年好！身体永远健康！"

奶奶回道："孩子们新年好！好好学习，天天向上！"

天幕（三）　夜空烟花多姿多彩，眼花缭乱，目不暇接。

画面（7）　古代孩童跨越时空，来到舞台，高呼："爷爷奶奶新年好！哥哥姐姐新年好！"古代孩童与现代儿童相拥欢呼。

画面（8）　古代孩童与现代儿童表演朗诵：

爆竹声中一岁除，春风送暖入屠苏。

千门万户曈曈日，总把新桃换旧符。

《元日》音乐再次响起，大家手拉手，肩并肩，围着福寿老爷爷。

爷爷扛着酒坛，奶奶捧着寿桃和孩子们一起，欢歌起舞，共同迎接新年的到来，共同祝愿明天更美好！

清 明

[唐]杜 牧

音乐：谷建芬

音乐：沈传薪（改编江西民歌《斑鸠调》）

歌曲：周郁辉（作词）、寄明（作曲）

清明时节雨纷纷，路上行人欲断魂。

借问酒家何处有？牧童遥指杏花村。

1. 剧情简介：

通过一群古代孩童在清明时节踏青、荡秋千、植树等活动，反映古代人们清明时节的生活现象。

一群现代学生在清明时节来到烈士陵园祭奠先烈，在墓前向烈士敬礼、宣誓：继承革命先烈遗志，做共产主义接班人！

2. 人物：

扮演唐代女孩8人

扮演唐代男孩8人

扮演现代学生12人

3. 服饰：

唐代童装男女不同，女童皆着木屐鞋

现代小学生身穿校服

4. 道具：

小树苗8株，铲子8把，开合遮阳扇8把

玫红渐变的扇子24把（象征烈士墓前鲜花）

5. 舞台呈现：

天幕（一）　清明时节，阳光灿烂、山花烂漫、溪水潺潺。

画面（1）　一群古代孩童在音乐《斑鸠调》中穿着木屐、手执遮阳扇踏青而来，过独木桥，玩溪水，扑蝴蝶，欢快的舞蹈让他们玩得不亦乐乎。

天幕（二）　清明时节细雨纷纷。

画面（2）　孩童们朗诵诗句：

　　清明时节雨纷纷，路上行人欲断魂。

　　借问酒家何处有，牧童遥指杏花村。

一群古代孩童扛着树苗，边朗诵边上场，他们忙着植树。在《清明》音乐声中，欢快地跳着植树的舞蹈。另几位孩童在玩荡秋千游戏。

天幕（三）　烈士墓园松柏翠绿，环抱墓碑。

画面（3）　一群少先队员身穿校服，佩戴鲜艳的红领巾来到烈士墓前敬礼宣誓。《我们是共产主义接班人》（周郁辉作词、寄明作曲）的歌声响彻云霄。舞蹈中，学生将手中的扇子当作武器，刚劲有力，象征着前仆后继继承先烈遗志。一会将扇子打开变成一朵朵灿烂的鲜花，向烈士献花，让鲜花簇拥着烈士墓碑。学生舞蹈表演出：我们是祖国的新一代，将以先烈为榜样，立德树人，培根铸魂，为建设具有中国特色现代化的中国而努力奋斗，贡献我们的力量！

游子吟

[唐]孟 郊

音乐：谷建芬

慈母手中线，游子身上衣。

临行密密缝，意恐迟迟归。

谁言寸草心，报得三春晖。

1. 剧情简介：

年迈的母亲在煤油灯下为儿子亲手缝制临行前的衣服，一针一线寄托着母子情，也把母亲带入回忆。长长的针线似胎儿的脐带，围成圆圈，似婴儿的摇床，他们队形流动着似情感的纽带，深情哺育着儿子长大。儿子即将出征，保家卫国，回报母亲的养育之恩。这也正符合中华民族的孝道礼仪。此诗展现了母亲人性的光辉，讴歌了伟大的母爱，揭示了人间深深的母子情愫。

2. 人物：

母亲 1 人

儿子 1 人

群舞演员 12 人

3. 服饰：

母亲着蓝色唐代大襟便服

儿子着唐代出征前的对襟便服

群舞演员着粉色现代舞服

4. 道具：

粗布便衣1件

5. 舞台呈现：

天幕（一） 深夜万籁静寂，煤油灯晃晃。

画面（1） 12名群舞演员扮成石墩，母亲盘腿坐在上面，手捧衣物心潮澎湃、思绪万千，幕后朗诵《游子吟》：

    慈母手中线，游子身上衣。

    临行密密缝，意恐迟迟归。

    谁言寸草心，报得三春晖。

  母亲随朗诵变换姿态——磨针、穿针、引线、缝衣。

天幕（二） 蓝天白云。

画面（2） 音乐声中，母亲从石墩上下来，舞动着缝衣。12名群舞演员搂着母亲，队形流动，像胎儿的脐带。瞬间，群舞演员变成椭圆形跪地，围着母亲，似婴儿摇床。母亲捧着衣物轻轻哄着儿子，一会儿1名群舞演员立起，依偎母亲怀抱，象征孩子长大。

画面（3） 母亲与儿子嬉戏逗趣，捉迷藏，做老鹰抓小鸡游戏。

天幕（三） 战争场面，战火硝烟，刀光剑影。

画面（4） 母亲在一角继续缝着衣服，儿子上战场（出场）。

音乐形容战争激烈——战鼓敲响前方召唤，战场画面为儿子英勇与敌人搏斗，12名群舞演员变成战场各种工事——铁丝网、战壕、靶子、碉堡等。儿子英勇杀敌，在刀光剑影中表现出英雄气概。

天幕（四） 唐代母亲居于家中茅草房内。

画面（5） 母亲上前为儿子拭去汗水，

母亲（心理独白）：儿呀，好样的！

儿子（心理独白）：娘……扑向母亲怀抱。

群舞演员围着母亲轻轻哼起了《游子吟》主旋律。母亲将缝好的衣服给儿子穿上，群像似母子的情感线，长长绕绕，缠缠绵绵，长长远远。

天幕（五） 送别路上千难万险，荆棘丛生。

画面（6） 母亲送别儿子，12名群舞演员变成山间小路，独木桥下潺潺流水。儿子牵着母亲小心翼翼过桥，群舞演员变成山坡，儿子将母亲背起爬坡；群舞演员变成荆棘丛生，母亲领着儿子开山辟路；群舞演员变成山峰，儿子将母亲高高托举，在肩上旋转，群舞演员围着母亲逆时针旋转。

天幕（六） 大爱无疆，一颗红心沿着飘带伸向远方。

画面（7） 太阳出来满天红，儿子向母亲跪别，母亲深情地扶起儿子，整理好他的衣领挥手告别。《游子吟》唱词出现"谁言寸草心，报得三春晖"，12名群舞演员变成光芒，隐喻伟大的母爱，光辉普照大地，哺育着千千万万子女茁壮成长。

渭城曲（又名《阳关三叠》）

[唐]王 维

编曲：王震亚

渭城朝雨浥轻尘，客舍青青柳色新。

劝君更尽一杯酒，西出阳关无故人。

1. 剧情简介：

唐代诗人王维具有卓越文学才能，精通音律，这首诗描写了他送好友元二时的惜别情景。渭城早晨的一场细雨，湿润了路面的轻尘。宿舍周围的青青柳树，在雨后更显清新。道别的话说了无数次，离别的酒喝了好几巡。老朋友请你再干一杯饯别酒吧，此去西行阳关后，就很难见到知己和好友了。此诗情感丰富，寓意深刻，从古至今，都被传颂为离筵别席时的佳作。

2. 人物：

扮演唐代诗人王维1人

扮演元二（京官、将领）1人

群众若干

3. 服装：

唐代诗人服饰

将领服饰佩戴长剑

合唱服饰（群众服装）

4. 道具：

长剑。

5. 舞台呈现：

天幕（一） 渭城客舍的早晨，细雨沙沙，柳树青青。

画面（1） 诗人王维在舞台6点台阶上造型，遥望天空和眼前的环境，群众朗诵：渭城朝雨浥轻尘，客舍青青柳色新。

元二急步上场在舞台4点造型与王维遥相对望、感怀。王维与元二急步上前相拥，叩礼相拜，互道珍重！

天幕（二）　阳光明媚，二人情同手足，言欢拜友。

画面（2）　王维与元二回忆友好时光，王维吟诗作画，元二挥剑闪闪，二人跪拜结友，沉浸在友情的欢乐幸福之中。

天幕（三）　唐代客舍酒馆，宴席热气腾腾。

画面（3）　王维为元二多次斟酒，真是人逢知己千杯少，二人频频举杯，叙不完的情，道不完的谊。

天幕（四）　蓝天下，远远望去，隐隐出现西出阳关后的孤城荒漠凄凉景象。

画面（4）　元二起身辞行，王维立起举杯朗诵：

　　劝君更尽一杯酒，西出阳关无故人。

老朋友再喝一杯钱别酒吧！西出阳关后再也见不到知己和老友！

画面（5）　王维领唱：

　　渭城朝雨浥轻尘，客舍青青柳色新。

　　劝君更尽一杯酒，西出阳关无故人。

画面（6）　王维领唱，群众合唱《阳关三叠》全曲。

领唱合唱，第一次群众上场送别唱道：踥行，长途越渡关津。

领唱合唱，第二次群众上场唱道：历苦辛，历苦辛，历历苦辛宜自珍。

领唱合唱，第三次群众上场，全体举杯敬酒，送别元二。

元二长揖不起，王维与众人挥手送别元二出征。

四、"社团舞蹈"范例

<h1 style="text-align:center">梅　花</h1>

[宋]王安石

作曲：易凤林

墙角数枝梅，凌寒独自开。

遥知不是雪，为有暗香来。

1. 舞蹈简介：

舞蹈通过诗人寻梅、闻梅、赏梅、赞梅、颂梅，表现了在僻静清冷的墙角依然独放的梅花，它在春寒料峭中顽强地生长，盛开。舞蹈赞颂梅花的傲雪凌霜，这与诗人王安石长期坚持改革却累遭失败，在逆境中顽强坚守的高贵品质一样。"梅花"是绝世之梅，也是绝世之人。

2. 人物：

扮演宋代诗人 1 人

扮演梅花舞者 16 人

3. 服装：

宋代文人服饰（诗人服装）

梅花服装可以是斜肩短装上衣，玫红渐变色裙裤

4. 道具：

徒手、水袖、渐变扇子均可

5. 舞台呈现：

天幕（一） 漫天大雪，纷纷扬扬。

画面（1） 寻梅（独舞）

  舞台4点、5点至6点台阶上有几个梅花造型，一眼望去高低、形态各异。随着音乐响起，"墙角数枝梅，凌寒独自开。遥知不是雪，为有暗香来。"诗人在舞台上寻找梅花。观众望向舞台感到，这是一个偏僻的山野，冰天雪地的梅花世界。

画面（2） 闻梅（独舞、群舞，表现诗人与梅花互动）

  诗人快步走近梅花，清香气息扑面而来，梅花阵阵幽香，沁人心脾，诗人顿觉神清气爽。

画面（3） 赏梅（梅花古典舞群舞）

  梅花舞者圆场步来到台中，舒展着美丽的身姿，诗人踏入梅园，欣赏着梅花，感慨千万。

画面（4） 赞梅（领舞、群舞）

  音乐再现，"墙角数枝梅，凌寒独自开。遥知不是雪，为有暗香来。"诗人夸梅在春寒料峭时节默默开放，赞美它傲雪凌霜的高贵品质与精神。

画面（5） 颂梅（群舞）

  诗人登高，望见满园梅花盛开、绽放，舒展花枝，舞者旋转耀眼，有的"梅花"腾空跃起，抛出梅枝，有的"梅花"还在吐露芬芳。此时梅花傲雪凌霜的品质，渲染无余，与诗人逆境下长期坚守的伟大品格浑然天成。好一道大雪纷飞、梅花漫天飞舞的美丽风景线。这与诗人高风亮节一样，"梅花"是绝世之梅，也是绝世之人。

静夜思

[唐]李 白

音乐：谷建芬

床前明月光，疑是地上霜。

举头望明月，低头思故乡。

1. 舞蹈简介：

一位海外游子在月夜下，睡梦中，思念阵阵袭来，梦见了家乡的山水，家乡的亲人。游子离家数载，愿化作海鸥飞回故乡。此舞反映了游子对亲人的思念及家乡的深深眷恋，愿为振兴家乡做贡献。

2. 人物：

海外游子1人

群舞演员16人（扮演海浪、浦江潮、银鸥等）

3. 服装：

黑色西服上衣敞开，内穿白衬衫（领舞服装）

蓝色现代舞服（群舞服装）

4. 道具：

无

5. 舞台呈现：

天幕（一） 深秋，皎洁的月光把大地染成霜。

画面（1） 思念（独舞、群舞）

  海浪阵阵，海鸥飞翔，游子睡眼蒙眬。

画外音：

    床前明月光，疑是地上霜。

    举头望明月，低头思故乡。

天幕（二） 游子的故乡——上海外滩浦江水流淌，东方明珠耸立，霓虹灯闪烁。

画面（2） 梦回故乡（独舞、群舞）

  亲人的呼唤，游子梦回故乡，上海翻天覆地的变化，游子不由感慨万千。

天幕（三） 东方地平线，一轮红月冉冉升起，东方明珠矗立在黄浦江边，潮水阵阵，银鸥飞翔。

画面（3） 回报家乡（独舞、群舞）

  游子化作海鸥飞翔，他把海外学习的知识，带回家乡，回报生他哺育他的故乡。

明日歌(节选)

[明]钱鹤滩

作曲：易凤林

明日复明日，明日何其多。

我生待明日，万事成蹉跎。

1. 舞蹈简介：

一位爱睡觉的小懒人明明，做任何事总是推到明天。后来在古代书童和当代学生的帮助下，认识到时间的重要性，懂得了"一寸光阴一寸金，寸金难买寸光阴"的道理，从此珍惜时光，发奋学习。

2. 人物：

明明（爱睡觉的小懒人）

古代书童12名

当代学生12名

3. 服装：

内穿当代校服，蓝白相间短皮装西短裤，外穿白色睡袍（明明）

淡绿渐变色古代书童服装，扎丸子头配书童发带（古代书童）

红白相间的短装校服，扎红色发带冲天辫（当代学生）

4. 道具：

无

5. 舞台呈现：

天幕（一） 蓝天白云，一个童趣拼装的向日葵时钟滴答作响，时针指向 7 时 30 分。

画面（1） 明明睡懒觉，不上学（独舞）

时钟："明明快起床，明明上学了！"

明明："嗯……再睡会儿吧！"

时钟嘀嗒指向 8 点，上课铃响起：叮铃、叮铃！

时钟："明明上课了！"

明明："明天再去吧！"

天幕（二） 时钟一分为二，时钟反面变成古代学堂，上面书写《明日歌》古诗。

画面（2） 古代书童上课（群舞、独舞）

古代书童从时钟中穿出来，摇头晃脑慢声朗诵着："明日复明日，明日何其多，我生待明日，万事成蹉跎。"一段童趣古典舞把明明从睡梦中吵醒，明明揉揉眼睛，摸不着头脑。

天幕（三） 宽敞明亮的现代化教学大楼。

画面（3） 当代学生欢快出场（群舞、独舞）

一群当代学生和着欢快的节奏，跳着青春的舞步，边上场、边快节奏朗诵："明日复明日，明日何其多，我生待明日，万事成蹉跎。"

明明在同学们的感召下，脱去睡袍，决心改正，赶上同学们前进的步伐。

画面（4） 明明改正陋习，跟上同学步伐（群舞、独舞）

明明和当代学生一起跳起了当代舞，欢快轻松的旋律展现了当代学生朝气蓬勃、热爱学习，珍惜时光的精神面貌。

天幕(四) 现代科技城(《明日歌》古诗出现)。

画面(5) 古代书童当代学生共唱《明日歌》(独舞、群舞)

古代书童飞奔上场,与当代学生互动交流,探讨学习,争做时代好儿童。他们迎着阳光,托举旋转,奔跑在世纪大道,喊道:"一日之计在于晨,一年之计在于春。"明明发奋学习,追赶时光,由后居者奔跑在队伍的前列。

赋得古原草送别

[唐]白居易

音乐:谷建芬

离离原上草,一岁一枯荣。

野火烧不尽,春风吹又生。

远芳侵古道,晴翠接荒城。

又送王孙去,萋萋满别情。

1. 舞蹈简介:

一片草地在荒郊野岭上静静生长,在狂风暴雨中顽强地挣扎生存,却依旧非常茂盛。突然,野蛮的山火将绿地烧得光秃秃的,一片狼藉。来年春风吹来,小草重新破土发芽、顽强生长、绿草茵茵,一派春意盎然、勃勃生机。舞蹈以小草枯荣现象反映生命力的顽强,这是对生命的礼赞。

2. 人物:

领舞演员 1 人

群舞演员 16 人

3. 服装：

绿色渐变色舞蹈服

4. 道具：

无

5. 舞台呈现：

天幕（一） 蓝天白云，绿草茵茵。

画面（1）（领舞、群舞）

    小草在荒郊野岭静静地顽强生长。

天幕（二） 乌云滚滚，狂风暴雨。

画面（2）（群舞）

    狂风大作、倾盆大雨而下，小草在狂风暴雨中成长。

天幕（三） 冲天大火熊熊燃烧。

画面（3）（领舞、三人舞、组舞）

    熊熊大火扑面而来，将草地烧得寸草不留、狼藉一片。

天幕（四） 春天来了，阳光照耀，绿草芬芳。

画面（4）（领舞、群舞）

    阵阵春风重新唤起小草的生命，小草破土顽强生长，绿草茵茵，勃勃生机。

木兰诗（节选）

[南北朝]佚　名，选自《乐府诗集》

唧唧复唧唧，木兰当户织。

不闻机杼声，唯闻女叹息。

问女何所思，问女何所忆。

女亦无所思，女亦无所忆。

昨夜见军帖，可汗大点兵。

军书十二卷，卷卷有爷名。

阿爷无大儿，木兰无长兄。

愿为市鞍马，从此替爷征。

东市买骏马，西市买鞍鞯，

南市买辔头，北市买长鞭。

旦辞爷娘去，暮宿黄河边。

不闻爷娘唤女声，但闻黄河流水鸣溅溅。

旦辞黄河去，暮至黑山头。

不闻爷娘唤女声，但闻燕山胡骑鸣啾啾。

万里赴戎机，关山度若飞。

朔气传金柝，寒光照铁衣。

将军百战死，壮士十年归。

1. 舞蹈简介：

古代女子花木兰替父从军，保家卫国，在战场上出生入死，英勇杀敌，累建战功，展现了她的勇气、智慧、担当。"万里赴戎机，关山度若飞，朔气传金柝，寒光照铁衣。将军百战死，壮士十年归"表现了花木兰为国争光、巾帼不让须眉的英雄气概。她激励人们在困难面前勇敢前行，追求自己的理想和目标。

2. 人物：

花木兰女 1 人

群舞演员 17 人

3. 服装：

南北朝将军服，发型为丸子头，扎红丝带（花木兰）

南北朝出征服，发型为丸子头，扎红丝带（群舞演员）

4. 道具：

无

5. 舞台呈现：

天幕（一）　可汗下军帖，战场大点兵。

画面（1）　木兰骑马出征（独舞、群舞做各种造型）

　　　　　花木兰骑上战马，替父从军，奔向战场。

　　　　　音乐声中朗诵：

　　　　　　　　唧唧复唧唧，木兰当户织，

　　　　　　　　不闻机杼声，唯闻女叹息。

　　　　　　　　昨夜见军帖，可汗大点兵，

　　　　　　　　愿为市鞍马，从此替爷征。

　　　　　其他战士几组造型各一，战士列阵整衣理帽，准备奔赴战场，勇猛向前。

天幕（二）　战场狼烟四起，马蹄声声、战马嘶鸣，刀光剑影。

画面（2）　花木兰率领部队英勇杀敌（群舞）。

　　　　　花木兰带领军队英勇抗战，诱敌深入，击鼓射箭，逐个击破。

画面(3) 花木兰英勇善战(领舞、双人舞、组舞)。

花木兰指挥部队,分兵作战,牵制对方,拖垮敌人。

画面(4) 寡不敌众,木兰受伤(领舞、群舞做造型)。

花木兰带领部队向前冲刺,因寡不敌众,被敌人包围,木兰受伤。

天幕(四) 战争激烈场面下的临时休战。

画面(5) 花木兰思念亲人(独舞、三人舞)。

战友们掩护下,花木兰拖着受伤的身体坚强地站起来,歌声起,她想到了父母:"旦辞爷娘去,暮宿黄河边,不闻爷娘唤女声,但闻黄河流水鸣溅溅。万里赴戎机,关山度若飞。朔气传金柝,寒光照铁衣。将军百战死,壮士十年归。"

天幕(五) 花木兰将军带领部队殊死拼搏,取得战争最后胜利,荣归故里。

画面(6) 花木兰带众英勇杀敌,大获全胜(领舞、大群舞)。

一个花木兰受伤,千万个花木兰站起,花木兰将军带领战士们与敌人展开殊死搏斗,最终赢得全胜。从军数载,荣归故里,将士们将花木兰高高托举起。

出　塞

[南唐朝]王昌龄

音乐：谷建芬

秦时明月汉时关，万里长征人未还。

但使龙城飞将在，不教胡马度阴山。

1. 舞蹈简介：

将领叱咤风云，运筹帷幄，击鼓领兵出征，一群战士披荆斩棘，冲锋陷阵，勇猛杀敌，夺取胜利。这首诗反映了戍边战士为保家卫国视死如归的勇敢精神。以古喻今，仿佛让我们看见了当今人民子弟兵为了保卫人民的生命财产，为了祖国的繁荣昌盛，将生命置之度外，忘我牺牲的崇高品德。当代军人是祖国的钢铁长城，他们是我们时代最可爱的人！

2. 人物：

将军李广1人

小战士1人

戍边战士16人

朗诵者1人

3. 服装：

唐代将军服（李广）

唐代战士服（小战士）

唐代出征服（戍边战士）

当代中学生校服（朗诵者）

4. 道具：

大鼓 1 面

鼓架 1 副

鼓锤 1 对

红旗 1 面

5. 舞台呈现：

天幕（一） 拂晓一弯冷月垂挂天边，月光洒在长城脚下。

画面（1） 领舞

舞台 4 至 6 点一群战士排成行高低错落有跪有立似蜿蜒的长城雕塑，舞台正中李广将军查看地形运筹帷幄造型，台口 2 点一朗诵者上场。

天幕（二） 战火纷飞，狼烟四起。

画面（2） 领舞，群舞

朗诵：秦时明月汉时关，万里长征人未还，但使龙城飞将在，不教胡马度阴山。

将军击鼓由慢至快催人出征，双飞燕高空跃起，战士们群雕林立。

天幕（三）战马奔腾，刀光剑影，战场厮杀场面。

画面（3） 群舞

李广将军率领战士骑马征战，冲锋陷阵横刀夺马，以螺旋式包围敌人。

天幕（四） 战鼓阵阵，战争激烈。

画面（4） 双人舞，群舞

敌军围困万千重，我自岿然不动，李广肩托小战士高空旋转，众战士跪地围成圆后破阵冲入敌营。

画面（5） 双人舞，群舞

　　李广将军大跳冲出包围圈，撕叉向前救起小战士与敌人周旋，众战士一组组雕塑造型。

天幕（五） 战争激烈场面。

画面（6） 领舞，群舞

　　战士们冲向前形成战壕，李广将军从战壕中大跳向前两个双飞燕气势盖人。

天幕（六） 旌旗招展，胜利在望。

画面（7） 领舞，群舞

　　战士们搭成人墙，小战士在李广将军的指挥下爬上人墙，冲进敌营，红旗插在山顶上。

　　全体将士群雕造型结束。

后 记

《中华诗音舞》从构想至今已走过四个年头，其中得到太多领导和专家的帮助。首先，感谢中国舞蹈家协会冯双白主席，感谢他在2002年提出的以古诗词为载体的课程建议，以及2022年对本书名的指导。2023年春节期间，冯主席百忙之中亲自为《中华诗音舞》写序，让人深受感动。感谢上海音乐出版社原舞蹈编辑部主任、编审黄惠民老师帮助策划。感谢上海师范大学郑慧慧教授百忙之中对课程名称的指导与确定。感谢上海音乐出版社领导和舞蹈编辑中心云昊泓、王子扬为本书编辑出版付出的艰辛劳动。感谢上海舞蹈学校教授李振文仔细审阅本书稿。

2021年11月，我们去拜访上海市嘉定区文联副主席、音乐家协会主席、教育局艺教办主任易风林老师，他热情地将其新创作的《慧雅乐童》一书中的16首古诗词音乐赠送给我们使用，为《中华诗音舞》提供帮助支持。感谢滕英盛老师对音乐运用的帮助与指导。感谢上海市教委体卫艺科蒋平芳老师给我们提供机会，使得《中华诗音舞》两次进入专家审核环节，最终上线上海市素质教育优质课程项目平台。感谢上海师范大学舞蹈系主任、博士生导师高娟敏教授对课程教学的指导帮助。感谢上海市徐汇中学、上海市共康中学、上海市风华初级中学教育集团、上海市静安区闸北第二中心小学、上海市静安区中山北路小学等学校领导与师生提供的教学实践机会。

最后，感谢编写团队的老师们，他们冒着酷暑、顶着严寒，不计报酬、无私奉献，无数次地进行排练与实践。我们将不负众望，努力将《中华诗音舞》课程在校园生根开花，为弘扬中华民族文化努力前行！

胡伟华

2024 年 7 月

《中华诗音舞》小学组视频目录

序号	作品名称	制作者	词作者	曲作者	表演者	时长（秒）
1	《咏 鹅》	上海伟华教育培训中心	[唐]骆宾王	谷建芬	单文霞	02:05
2	《明日歌》	上海伟华教育培训中心	[明]钱鹤滩	易凤林	周倚如	01:57
3	《悯 农》	上海伟华教育培训中心	[唐]李 坤	谷建芬	欧阳晨 周倚如	02:53
4	《春 晓》	上海伟华教育培训中心	[唐]孟浩然	谷建芬	欧阳晨 周倚如	02:45
5	《登鹳雀楼》	上海伟华教育培训中心	[唐]王之涣	易凤林	单文霞 欧阳晨	02:43
6	《江 南》	上海伟华教育培训中心	[汉]汉乐府	谷建芬	欧阳晨 周倚如	02:14
7	《晓 窗》	上海伟华教育培训中心	[清]魏 源	谷建芬	单文霞 欧阳晨	01:58
8	《村 居》	上海伟华教育培训中心	[唐]高 鼎	谷建芬	单文霞 欧阳晨	02:21

《中华诗音舞》中学组视频目录

序号	作品名称	制作者	词作者	曲作者	表演者	时长（秒）
1	《明日歌》	上海伟华教育培训中心	[明]钱鹤滩	易凤林	单文霞 欧阳晨	01:54
2	《饮湖上初晴后雨》	上海伟华教育培训中心	[宋]苏 轼	易凤林	单文霞	02:20
3	《相 思》	上海伟华教育培训中心	[唐]王 维	谷建芬	单文霞	02:02
4	《出 塞》	上海伟华教育培训中心	[唐]王昌龄	谷建芬	单文霞 欧阳晨	03:49
5	《登鹳雀楼》	上海伟华教育培训中心	[唐]王之涣	易凤林	单文霞 欧阳晨	02:43
6	《一字诗》	上海伟华教育培训中心	[清]陈 沆	谷建芬	欧阳晨	02:51
7	《寻胡隐君》	上海伟华教育培训中心	[明]高 启	谷建芬	欧阳晨 周倚如	03:23
8	《长歌行》	上海伟华教育培训中心	[汉]汉乐府	谷建芬	单文霞 欧阳晨	02:55

图书在版编目（CIP）数据

中华诗音舞 / 胡伟华，单文霞编著． — 上海：上海音乐出版社，
2024.8
ISBN 978-7-5523-2916-2
I. G634.951.3
中国国家版本馆 CIP 数据核字第 20246AG617 号

书　　名：中华诗音舞
编　　著：胡伟华　单文霞

策　　划：黄惠民
责任编辑：云昊泓　王子扬
责任校对：钟　珂
封面设计：何　辰

出版：上海世纪出版集团　上海市闵行区号景路 159 弄　201101
　　　上海音乐出版社　上海市闵行区号景路 159 弄 A 座 6F　201101
网址：www.ewen.co
　　　www.smph.cn
发行：上海音乐出版社
印订：上海雅昌艺术印刷有限公司
开本：700×1000　1/16　印张：11.5　图、文：184 面
2024 年 8 月第 1 版　2024 年 8 月第 1 次印刷
ISBN 978-7-5523-2916-2/J・2684
定价：48.00 元
读者服务热线：(021) 53201888　印装质量热线：(021) 64310542
反盗版热线：(021) 64734302　(021) 53203663
郑重声明：版权所有　翻印必究